杨秉辉 著

浮光掠影十六国
——跟着名医走天下

复旦大学出版社

前　言

　　古人云："行万里路胜读万卷书"。古代交通不便，万里路走下来，一路风餐露宿，固是辛苦，但所见所闻，必定丰富人生阅历。山川形胜，能畅达情怀；风土人情，亦能启迪智慧。不过如今交通发达，万里之路，波音飞机亦不过十来小时即可到达。自然没有了"读万卷书"的功效。不过也正由于交通便捷，今人活动的范围大哉矣。尤其如今经济发展，衣食丰足之后，人们对旅行的兴趣日增。兼以国门开放，不仅国内旅游，国际旅行亦成平常之事。

　　自1987年受英国文化交流协会之邀，赴英作医学考察起，二十余年来因参加国际学术交流、工作访问，以及近年退休后的出国旅游，到过欧、亚、美、非各国，行程当在数十万公里之数。虽不敢称"胜读万卷书"，但也确实增长了些见识。当然，为学术交流、工作访问而去者，只能在工作余暇，稍事参观，自是浮光掠影。随旅行团出游者，亦是走马看花，难有机会深入了解。为弥补此项缺陷，行前多曾查阅相关资料，以知其然。归来整理所摄照片、所作写生，有时还需再查阅相关历史、地理资料，以知其所以然。虽亦曾应友人之约，写过少数几篇游记，在旅行杂志发表，但大多是淹没在脑海之中。

　　"年轻人爱想象，老年人爱回忆"，大概也是人之常情。近年步入老年，亦稍多闲暇，因此难免亦常回首往事。尤当报刊述及某国之新闻，电视介绍某地之风光时，则更易"激活"脑海中这些沉睡的记忆，于是有了写些游记之想。不过亦是顾虑多多，一是所到之处本不全面，记述更欠周详；二是历史、地理知之不多，述来或有出入，则愧对读者；三是笔墨功夫不够，或难使读者如历其境、感同身受，故久久犹豫未决。

　　2010年秋季偕夫人随旅行团前往美国、加拿大旅游，深感业界所谓："上车睡觉，下车尿尿，景点拍照，回来忘掉"确是属实。因旅行社方面多安排景点，可以招徕游客，旅客疲于奔命，很难深入了解。若遇勤快的导游，或许还能多知道一些；若导游不想多说，或是业务不精，游客就更是雾里看花了。因此，似觉以我之所见、所闻、所知，表述于文字、公之于大众，或许尚可为拟出国游览诸君起些导览作用，或可使不出门之"秀才"略知天下之事情。

　　当然作为游记,或许应深入展示该地方之风土人情、深刻剖析该地方之政治经济,再引入哲理思考、感悟人生等等。然此非我之所长,亦觉旅游云耳,似也不必引入过多沉重的话题。故考虑再三,索兴以"浮光掠影"为名,记录我曾经之游览,仅此而已。若对读者诸君或有裨益,则秉辉幸甚。不过,尽管如此,因限于水平,见闻或有偏颇不实,描述可能失于精辟,皆请读者、行家不吝指正。

2012年12月

目 录

泰国
千佛之国泰王国 001
    佛寺之都曼谷 001
    芭堤雅与人妖 004

柬埔寨
柬埔寨与曾经的辉煌 007
    认识柬埔寨 007
    金边在复苏中 008
    周达观与亨利·默哈特 009
    大吴哥、小吴哥 010
    吴哥,人力与自然力的博弈 012

印度
印度旅游金三角 015
    印度的地理与历史 015
    印度的种族、宗教及其他 016
    德里,因陀罗神的住所 017
        老德里、新德里 017
        红色的宫殿与白色的庙 018
    阿格拉,古之辉煌今未续 020
        在古都遇到吉卜赛人 020
        世界建筑奇迹泰姬陵 021
    斋浦尔,曾经光辉的土邦首府 023

新加坡
城市岛国新加坡 025
    新加坡的历史与地理 025

新加坡的社会相 026
　　鱼尾狮和圣淘沙 028

以色列　巴勒斯坦
耶路撒冷，一城三圣地 031
　　老住户回归，早已面目全非 031
　　耶路撒冷的老城区 032
　　哭墙，犹太人的精神寄托 033
　　穆罕默德升天之处 034
　　耶稣基督生死之地 035

俄罗斯
俄罗斯三城 037
　　海参崴，俄国远东军事重镇 038
　　　　一次不期而遇的旅行 038
　　　　在亚洲的欧洲人城市 039
　　莫斯科，文化古城与首都 040
　　　　红场与克里姆林宫 040
　　　　莫斯科大学、胜利广场与新圣女公墓 043
　　圣彼得堡，三易其名的城市 044
　　　　北方威尼斯与俄罗斯巴士底狱 044
　　　　普希金作诗赞美的青铜骑士像 045
　　　　冬宫、夏宫及普希金村 046

捷克
欧洲腹地中的捷克 049
　　秋天里我们来到了布拉格 050
　　　　来到古城看古钟 050
　　　　古老的教堂，古老的桥 052
　　塔博尔与比尔森 053
　　温泉疗养地引来众多名流贵胄 055
　　小城与天堂 057

匈牙利

匈牙利，东方游牧民族的后裔 … 059
- 康有为说匈牙利是我们的"亲戚民族" … 059
- 多瑙河明珠，布达佩斯 … 060
  - 多瑙河上的桥 … 060
  - 布达城，皇宫之城 … 061
  - 盖尔雷特山上的两座雕像 … 062
  - 千年纪念碑和圣伊斯特万大教堂 … 064
- 浪漫的山丹丹 … 066
- 古老的维谢格纳德城堡 … 067
- 鲜血与美酒铸就的埃戈尔 … 068

葡萄牙　西班牙

伊比利亚半岛掠影 … 071
- 默德爱尔文化与海洋帝国 … 071
- 葡萄牙，欧洲大陆最西端的国家 … 073
- 西班牙西南三名城 … 076
  - 到塞维利亚去看大钟楼 … 076
  - 到格拉纳达去看阿拉伯王宫 … 077
  - 到科尔多瓦去看千柱厅 … 078
- 西班牙古今两都城 … 079
  - 古都托雷多，三教文化城 … 079
  - 首都马德里，恰逢三王节 … 080
- 伊比利亚半岛明珠巴塞罗那 … 082
  - 拍斗牛雕塑聊补遗憾 … 082
  - 哥伦布的功过，谁与评述 … 082
  - 安东尼·高迪，令人崇敬的建筑师 … 084
  - 毕加索博物馆与奥运会赛场 … 085

意大利

访意散记 … 087
- 条条大道通罗马 … 087
- 罗马，古迹博物馆 … 088

佛罗伦萨，艺术之都　090
　　比萨，斜塔应无恙　092
　　威尼斯，海上明珠　094

英国
英国，故地重游　097
　　苏霍、匹克底里，伦敦别来无恙　098
　　剑桥、约克，东线风光绚丽　100
　　呢裙、风笛，苏格兰岂止如此　102
　　湖畔诗人、莎士比亚，西线文化积淀丰厚　103
　　玩偶、名画，温莎堡尽显皇家贵胄生活　105

土耳其
横跨欧亚之千年古都　107
　　我们一个远房兄弟的地方　107
　　"牛渡"博斯普鲁斯海峡　108
　　红庙与蓝庙　109
　　逛罢大巴扎再看肚皮舞　111

加拿大
枫叶与冰雪的国度　113
　　西海岸的两座花园城市　113
　　　温哥华，最适合人居住的城市　114
　　　煤气镇、蒸汽钟与狮门桥　115
　　　维多利亚的英国风　117
　　　布查特花园，加国园艺之冠　118
　　安大略省风光无限　119
　　　认识安大略　119
　　　和谐之都渥太华　120
　　　郁金香之都渥太华　121
　　　加拿大第一大城多伦多　122
　　　世界最大的瀑布，尼亚加拉大瀑布　124
　　　美加共有之千岛风景区　125

美国

美国,一个美丽的国家 127
阿洛哈,夏威夷 127
- 托拉托拉,我们也飞到了夏威夷 127
- 阿洛哈,夏威夷 128
- 珍珠港的启示 129

旧金山与洛杉矶,对门的两家邻居 130
- 有一个响亮中国名字的美国城市 131
- 美国西部的标志,金门大桥 131
- 观光缆车与渔人码头 132
- 仿古罗马的建筑引发怀旧之情 133
- 两座标志性的塔、一条有趣的街 134
- 天使之城洛杉矶 134
- 美国电影的大本营——好莱坞 135

人工与天成,美国中西部的两大景区 137
- 拉斯维加斯,沙漠中的奇迹之城 137
- 科罗拉多大峡谷,地质教科书 139

芝加哥,湖畔之城 140
- 美国中部文化名城 140
- 摩天楼,芝加哥学派的宠儿 142

美东四城,美国发祥之地 143
- 美利坚合众国的建国史 143
- 独立战争的策源地——波士顿 144
- 美国剑桥的两所名校 145
- 美国第一大都会——纽约 146
- 曼哈顿南端,美国的金融中心 147
- 曼哈顿的市中心 148
- 自由女神像,移民的希望与辛酸 150
- 美国的摇篮,费城 151
- 美国首都,华盛顿特区 152
- 华盛顿与林肯,两位值得纪念的美国人 154

主要参考书目 156

泰国
千佛之国泰王国

泰王国简称泰国，在亚洲南部之中南半岛上，其东北部与老挝交界，东部与柬埔寨接壤，西北为缅甸，南部经克拉地峡伸延直至马来西亚。其国土之形状颇似一个伸着长鼻子的大象头。而象鼻两侧为海洋，东临太平洋水域的泰国湾，西为属于印度洋的安达曼海。热带季风与热带雨林气候，终年炎热多雨。泰国面积513 000平方公里，人口6 300万，有泰族、老挝族、华族等30多个民族。95%的居民信奉佛教，佛教为国教，每个男性一生中都要有出家当和尚的经历。僧侣与寺庙有崇高的地位，受人尊敬。我在访问泰国首都的曼谷总医院时，巧遇一位来自我国昆明医学院之进修医师，据她说她是中国傣族人，与泰人语言相通。我实在浅薄，不知泰、傣两族有何渊源。

泰国古代属高棉王国，13世纪立国，称素可泰国，14世纪改称暹罗，1932年改称泰王国，实行君主立宪政体。泰国盛产稻米、橡胶、锡。近年泰国经济发展，人称亚洲"四小龙"之一。

佛寺之都曼谷

曼谷为泰王国首都，亦是泰国最大的城市和港口。曼谷为"天使之城"

之意，不过按泰文原文直译则为"天使之城、伟大的都市、玉佛的宿处、坚不可摧的城市、被赠予九块宝石的世界大都会"，大约是世界上最长的城市名了。曼谷位于湄南河入海口之水网地带，1783年拉玛一世王在此建都。市内河流纵横，曾有"东方威尼斯"之称。但是，随着近年城市的发展，填河筑路，河流渐少，"东方威尼斯"之说已成历史。不过至今仍有湄南河穿城而过，给城市带来无尽生机。

曼谷为泰国古都，200多年来除二战中曾为日军所占外，几无战火涉及，故市内建筑多数保存完好。皇宫、佛寺等更是泰国民众崇敬之处，修缮不断。由于曼谷市内有寺庙多达300余座，僧侣托钵化缘、市民虔诚礼拜，古风盎然。然泰国近年经济发展，在经济全球化的大潮下，曼谷市内也已高楼林立，一些跨国公司、国际组织的亚太地区总部设于此处，加以国际旅游业发展，曼谷有航班通向欧、亚、美、非的各大城市，年接待游客千余万人。曼谷市内车水马龙，宾馆、酒吧、夜总会比比皆是，入夜，霓虹闪烁，笙歌不绝。王家田广场、唐人街为东南亚购物天堂。置身曼谷，生活在古今之间，有穿越时空之感。

曼谷是赴泰国旅游者必到之地，而大皇宫则是游曼谷必到之处。大皇宫位于那拉兰大街之南，远远望去一片金碧辉煌，宫内绿草如茵、树影婆娑，部分对游人开放。大皇宫有宫墙围绕，墙高5米，长约1 900米。大皇宫内主要宫殿有：阿玛林宫为1784年建造的最早的宫殿，为早期暹罗式建筑，屋顶三层相叠，但不同于中国宫殿之飞檐翘角，而是层层低垂，以致从远处看去，只见一大片金黄色与绿色之琉璃瓦顶，令人印象颇深。现为皇帝加冕登基及皇室举行庆典之处。节基宫建于1876年，为泰西合璧之建筑，殿身为意大利文艺复兴时式样，殿顶则为泰式尖塔风格。节基宫正殿为泰王接受各国使节呈递国书之处。律实宫中央有一座七层尖塔，四周有四座大力神。宝隆皮曼宫则是接待外国元首的宾馆。大皇宫内有多处摆饰着中国清代大彩瓷瓶或景泰蓝花瓶的宫殿，一处宫中有大型瓷画，画的竟是三国演义故事，足见泰中两国文化渊源之深。

大皇宫内的东北角有玉佛寺，又称护国寺，是1784年大皇宫始建时所建，初为皇家庙宇，现则对公众开放。寺内供奉一尊玉佛，高0.72米，系一整块青色翡翠璞玉雕成，为泰国国宝。玉佛头戴金桂冠、身穿金缕衣，置于高11米之金色礼坛上，周围围以数尊金佛，更显庄严。寺外有数尊青面獠牙的守护神神像，我们初次造访时，因其像凶煞，颇有不安

大皇宫中节基宫,泰西合璧的建筑

之感。每年5月春耕开始,国王皆来礼拜,以祈丰年。而每届新政府成立,内阁成员亦需在此向国王宣誓就职。

曼谷有大小佛寺300多座,无怪乎被称为"佛寺之都"。除玉佛寺外尚有卧佛寺、金山寺、郑王庙等著名佛寺。进入佛寺礼拜或参观皆需着长裤、脱鞋,不能喧哗。信众拜毕,多购金箔给佛像"贴金"以示敬意。有的庙宇门前有小贩卖鸟,供人放生之用,以体现佛之慈悲为怀。但据说此等小鸟放生后多不能飞远,即又被捕回出售。如此循环,信徒花点钱得心灵之安慰,小贩赚点钱得生活之保障,买卖双方得益,亦合佛家普度众生之理。

其实除佛寺之外,几乎家家户户都有佛龛。且佛龛多设户外,大者如我国旧时之土地庙，小者只一托盘状，其上有小木屋，以独木支撑立于庭院之中、街角之处，供人礼拜。

芭堤雅与人妖

泰国许多风景之处，过去皆"养在深闺人未识"。20世纪60年代后方陆续开发，其中以芭堤雅最有代表性。该地在曼谷以东154公里，原系泰国湾岸边的小渔村，村民世代除捕鱼外，亦种番薯以补生计。1961年被人发现该处沙滩长达10多公里，滩平浪缓、沙细而白，岸边片片棕榈、椰林，乃极佳之海滨浴场。又兼该地终年气温稳定于摄氏20多度，乃避暑最佳之处，泰国政府乃决定投资开发。越战时期，泰国为美军休假之地，大批美军人员拥入，直呼之为"东方夏威夷"，更进一步促成了该地旅游业的发展。

芭堤雅市区面积约20多平方公里，城市因旅游而生，居民几乎皆为旅游从业人员。满街宾馆、酒吧，处处笙箫、歌舞。我访问时已是20世纪90年代，美国大兵已经撤走，但芭堤雅已是东南亚著名的旅游胜地。我国改革开放，国人出国旅游，泰国往往是首选之地，而芭堤雅亦是必到之处。不过街边酒吧，则仍为西方人之天下，酒吧廊下多见西人壮汉与娇小泰妹同坐而饮，时时亲热，并不避人。或曰，西人多为此而来。亚洲国家中，泰国以"性开放"著名，尝思泰国佛教国家，何以如此？也许泰国佛教与我国汉族地区小乘佛教教义并不尽相同。当然此情此景亦仅限旅游之地，生活逼迫所致也。

芭堤雅附近有许多珊瑚岛，可乘船游览。若乘玻璃底船，更可饱览海底世界，彩色珊瑚之间，五颜六色的热带鱼成群出没。游人可在此潜水，亦可乘热气球升天，可在海上驾摩托艇奔驰，亦可在海边静坐垂钓。各取所需，动静由人。

芭堤雅海滩主体朝西，故夕阳西下时最美。每当傍晚之时，天空布满红霞，海上金光万道，椰子树、尤其是那些倾斜向海的椰子树，好像蓄意要挤在海天之间似的，尽显热带海滨风光。微风吹过，带来海上微腥的空气，轻轻地抚摸着人们的身体。酒吧的乐声飘过，召唤游海的人们回归。于是一众赤膊大仙、比基尼纷纷上得岸来，悠闲地向着烤肉香处走去。此时人的视觉、触觉、听觉、嗅觉皆得到了满足，接下来的便是满足食欲了。

近年来芭堤雅游人过多，整洁似有不够。海滩有小贩出租躺椅，按时计价，时而斤斤计较，亦令人不爽。看来管理方面还需"更上一层楼"。

除芭堤雅外，普吉岛、攀牙湾、彼彼岛等皆有极佳的自然风光，近年逐步开发，知名度不断提高，成为东南亚旅游胜地。

人妖表演是芭堤雅的另一道风景线。人妖是一种以表演歌舞为业的女性化了的男人。人妖表演如今在东南亚各国旅游区已不少见，但原出于泰国芭堤雅。约在1975年前后芭堤雅有4~5名男青年，长相俊美，又善歌舞，乃在一些酒吧充女歌手演唱，不意大受游人欢迎，各酒吧争相邀请，于是加入者渐多，逐渐发展成一种特殊的"行当"。甚至有些贫家子弟自幼服用雌激素，并进入歌舞学校学习，及长，外貌竟如女性一般，能歌善舞正式入行。芭堤雅著名的蒂芬妮人妖歌舞团，有演员120余名，长驻芭堤雅大剧院，每日演出，场场爆满。演出节目以舞蹈居多，人妖演员身段优美、舞姿轻盈，加以服饰华丽，灯光布景，十分诱人。亦有能作女声演唱者，但常多播放女歌手录音，演唱者对口型表演，或有破绽，观众自明。亦有小丑演出，一人裸胸，露大乳房，说话间忽以手压乳部，竟有水向观众席喷来，原来系一大皮囊，引得观众开怀大笑，则稍粗俗。演出毕，众演员登台谢幕，观众可上前要求与某演员合影，当然得付小费。其中漂亮者、要求合影者众，收入颇丰。有摄得漂亮主角者，传阅其照片，真宛若天仙，"比漂亮女人还女人"。但他们终究是男儿身，面部虽极女性化，但细观可见喉结；虽是丰胸细腰，但手脚粗大。人妖由于人为服用雌激素，以致内分泌紊乱。据说他们皆无男性性能力，且多早夭。

人妖的歌舞表演

人妖是一群为生活所迫的畸形人,但他们以歌舞为业,并无伤风化。其身世应值得同情,其人格亦应得到尊重。我以为"人妖"一词即甚不妥,仿我国传统戏剧,称"男旦"如何?当然,此一改或许即失其"卖点"。阿弥陀佛。

柬埔寨

柬埔寨与曾经的辉煌

在20世纪70年代之前,我国民众对"同志加兄弟"的越南、生产了电影《流浪者》的印度印象深刻些。对于柬埔寨,则印象无多。1970年3月,正当我国"文化大革命"如火如荼、国际交往几近中断之时,北京来了一位国家元首,总是面带微笑的、白面书生样的柬埔寨国王——诺罗敦·西哈努克亲王,以及他的雍容华贵、举止高雅的皇后莫尼克公主,而且他不同于其他国事访问者匆匆而来、匆匆而去,而是来了就住下不走了。其后这位国王便成了我国政府的上宾。而一般民众也仅知道国王的国家发生了亲美的政变。"亲美的"肯定不好,中国礼仪之邦,国王有家归不得,在咱们这儿住住也罢。对于柬埔寨的了解也就仅此而已了。

认识柬埔寨

柬埔寨,亚洲中南半岛古国。东南与越南接壤,西北与泰国为邻,东北与老挝相连,西南则临印度洋之泰国湾,与我国并不直接接壤。柬埔寨面积18.1万平方公里,人口1 050万,首都金边。约在4000年前古高棉人便在湄公河下游,洞萨里湖一带休养生息。公元1世纪立国,至公元9世纪,已成亚洲东南部强盛之邦,并创造了辉煌的吴哥文化。14

世纪后由于暹罗入侵，国势日衰。1863年法国入侵柬埔寨，使柬埔寨沦为法国之保护国。二战中柬埔寨为日本所占，战后法国卷土重来，再占柬埔寨，直到1953年11月9日柬埔寨方始独立。不过命运还在捉弄柬埔寨人，1970年3月军队总参谋长朗诺将军发动政变，建立亲美政权。西哈努克亲王则在北京成立"柬埔寨民族统一阵线"，与朗诺政权对抗。1975年4月波尔布特的"民主柬埔寨"执政，人称"红色高棉"，对柬埔寨的国计民生造成了很大的破坏。3年后越南出兵驱逐了波尔布特。1982年7月19日组成民主柬埔寨联合政府。1993年柬埔寨恢复君主立宪制，西哈努克重新担任国王，并在联合国组织下举行了大选，奉新比克党与人民党联合执政。波尔布特死亡，红色高棉停止抵抗。持续20多年的内战终于停息，柬埔寨人民迎来新生。

柬埔寨南面临海，东、西、北三面为高山，中部洞里萨湖流域为平原，为柬埔寨的主要农业区。柬埔寨属热带季风气候，5月至10月为雨季，11月至4月为旱季。11月至1月气温不为过高，最适宜旅游。

金边在复苏中

金边在柬埔寨中部平原，当湄公河、洞里萨河、巴沙河与前江汇合之处。面积70多平方公里，人口110万，为柬埔寨第一大城。1443年为避开暹罗人的侵扰，高棉国王蓬里坷·亚特自吴哥迁都于金边，并开始建王宫、佛寺，开运河，填洼地。但后因王室分裂，而又迁出。直到1867年诺罗敦国王才又将国都迁回金边至今。

金边市中心有独立广场，宽阔的大草坪上有纪念摆脱法国殖民统治的独立纪念碑，高大的纪念碑用赭色大理石建成。除远处的首相官邸外，孑然独立。

独立纪念碑东去200米许为王宫。目前国王及其家属仍居其中，但部分开放可供游人参观。王宫始建于1886年，为一组金色琉璃瓦顶及黄色围墙环绕的大型建筑，包括曾查雅殿、金殿、银殿、宝物殿、舞乐殿等大小二十余座殿堂。王宫皆双层翘顶的南亚庙宇式建筑，尤其四角有纤细高翘之屋角，犹如柬泰舞者带着指套舞动之手指，令人印象深刻。宫中有一栋二层法式建筑，称拿破仑三世阁。可能系接待法使所用，与宫中其他建筑颇不协调，但亦或可曰"相映成趣"。王宫中宝物在红色高棉时期损失过半。仍存者，值得一说的是银宫或称绿玉寺，其地面由

5 000块雕花银砖铺成,内存大小金佛,尤可贵者为约高半米、由整块翡翠雕成之玉佛,价值连城,为柬埔寨国宝。入内参观皆需脱鞋。柬埔寨王宫内有大草坪,花木繁盛,以我之见,还似稍胜于泰国皇宫。

金边作为柬埔寨第一大城市,在"红色高棉"时期受到巨创。波尔布特为了"消灭城乡差别",将城市居民悉数赶下乡去,金边几成空城。但如今之金边已在复苏,虽仍较破旧,但新建设已在进行之中,包括一些高层建筑,在脚手架掩护之下,已经充分显示其高度。街巷中一些二三层楼高的民居有宽阔的阳台,阳台上的神龛已显出主人生活的丰足。

市中心的莫尼旺大道上的中央市场,是一个有着黄色大圆顶的法式建筑。其内则颇似上海城隍庙豫园市场的模样,各式小店前人头攒动,购销两旺。莫尼旺大道上的大型百货商店,从商品成色、商店雇员及顾客衣着等情况看当不逊于我国南方的大中城市。

周达观与亨利·默哈特

到泰国去旅游的人必定是要看他的大皇宫的,尽管依我之见柬埔寨的王宫并不逊于大皇宫,但到柬埔寨的游人几乎都是为着吴哥而来。吴哥在暹粒,不在金边,但金边是首都,大多数国际航班皆落脚金边,故看王宫多是顺带之举,尽管也值得一看。

说起吴哥古迹,自是古代柬埔寨人的杰作,充分显示了古代柬埔寨国力的强盛与达到的建筑艺术顶峰。但让世人了解吴哥的,则有两人是不能忘记的。一位是中国元朝人周达观,一位是19世纪的法国人亨利·默哈特。

元成宗元贞元年,即1295年,成宗派使团赴国号真腊的高棉,即今日之柬埔寨。我国古代派使团赴国外,大多为宣扬国威,也是为联络感情。1296年使团由庆元路即今之浙江宁波出发,经闽、粤各地及越南沿海,达湄公河口,逆流而上到达高棉的首都吴哥。使团中有名叫周达观的,在高棉住了一年多,并周游各地,到过今日之磅清扬、洞里萨湖、金边等地。大德元年(1297年)6月,周达观仍沿海路返回中国。回国后将在高棉之所见所闻,著成《真腊风土纪》一书。详细记述了自己的行程,及当时柬埔寨的风土人情。古代柬埔寨人创造了繁荣的国家、辉煌的文化,但留下文字的记述却很少。或许与该地炎热、潮湿、容易生虫、长霉,纸质的乃至刻石的文字记录皆不易保存等有关。所以《真腊风土纪》

所记述的一切关于城郭、交通、物产、贸易、节令、耕种、禽兽、蚕桑等，成了研究古代柬埔寨的重要文献。其中对于吴哥城的描述更几乎是对柬埔寨这一旷世奇迹、当时的唯一记录。

周达观返回中国后一百多年，这个辉煌的王国终于没能"持续发展"，以致国势日衰，又由于暹罗人的不断侵扰，1431年国王篷里坷·亚特决定放弃吴哥迁都金边。奇怪的是偌大的一个王城应该说还有祖宗陵墓，说放弃就放弃了，没有留下管理人员，没有善后处置，甚至没有任何记录，以至后来大家都"忘记"了这块祖宗的宝地。也很奇怪的是，吴哥作为王城之时不断受到暹罗人侵袭，一旦迁都，这些外族似乎也没再来，也许暹罗人只掠些财物，也没有攻城略地的概念。当然合理的解释是瘟疫，丛林里发生了瘟疫，人非走即死，从此无人敢进。吴哥这个与中国的长城、印度的泰姬陵、印度尼西亚的婆罗浮屠合称"亚洲四大奇迹"的古迹便从人间蒸发了。

历史进入到19世纪，事情有了转机。法国人亨利·默哈特偶然读了一本关于柬埔寨的书，什么书名不知道，有人说即法文版的《真腊风土纪》，于是他对东南亚这个神奇的国家产生了浓厚的兴趣。1858年10月默哈特开始了他探险的历程。1860年他经曼谷来到暹粒，当他听到当地村民悠扬的歌声时，似乎有了某种预感：他接近了一个古代文明。于是在当地法国教会的帮助下，他找到几位向导，向森林深处进发。在暗无天日的大森林中走了五天，他们一无所获。当地的向导告诫他，林中的瘴气是邪魔的诅咒，若再深入当难生还。但默哈特仍执意向前，向导们轮流挥舞砍刀在前开路，默哈特紧随其后，脚踩在厚厚的落叶上，腐败的气味向四周弥散。忽然他觉得脚下硬实了，是路！默哈特兴奋无比，沿"路"走去，果然树木渐稀，到了一片沼泽地。当林中的雾气渐渐退去之时，他们看到了远处五座巨大的石塔在朝霞映照下傲然挺立。这五座石塔便是今日柬埔寨国旗上的吴哥窟。亨利·默哈特同时也是一位摄影的专家，接下来的事便可想而知了。

大吴哥、小吴哥

吴哥在柬埔寨语中原是指城市的意思，如今则是指这一地区的古迹了。吴哥在暹粒市城外约六公里处。如今开发旅游，至景区之公路皆沥青铺就，宽阔平整，两侧大树参天。

公元802年国王贾亚瓦曼二世统一了高棉王国，在洞里萨湖北岸兴建国都，定名吴哥，其间几经兴废，历时400年，至公元1201年方始建成。吴哥古迹现存600多处，分布于45平方公里的热带丛林中。主体上有大吴哥、小吴哥之分。小吴哥又称吴哥窟，即默哈特最先见到的吴哥古迹，实际上是一座供奉湿婆神的庙。而大吴哥则是一座曾经作为国都的城，即周达观的使团奉命到访之处。

大吴哥城为一正方形城郭，每边长3公里，面积9平方公里。城高8米，墙厚3.8米。正门在东有两门，其一为得胜门，其意犹欧洲国家之凯旋门，门头上有三座四面佛像的宝塔，城门宽7米，高23米，专供国王得胜归来时开启。其余三面各有一门。城外有护城河，正对城门处有桥，桥上有石雕九头一身的巨蛇栏杆。吴哥城内原有宫殿、民居、神庙等一应建筑。但其时无论国王或平民皆住木结构房屋，唯神庙以石造就，故至今近千年，巨石垒就的神庙尚且崩塌，木质建筑之王宫、民宅当然早已荡然无存。

大吴哥之佛寺多为印度教庙宇，唯巴戎寺为佛教寺庙。巴戎寺长160米，宽140米，共三层，下两层有回廊环绕，廊内壁上有描绘古代柬埔寨人战争与生活之浮雕。为12世纪末国王查耶跋摩七世所建，曾作为百官朝觐国王之处。第三层则为刻有四面佛头像的石塔群，共54座，共有216面佛像。每面佛像高1.75~2.4米，所刻佛像皆慈眉善目，眼睑下垂，

巴戎寺"高棉的微笑"

面带微笑，与蒙娜丽莎的微笑大有异曲同工之妙。旅游界皆称之"高棉的微笑"。或曰所刻之像实为其时国王之像，而四面则代表国王的怜悯、慈悲、公正、慷慨的美德。石像以火山石雕琢而成，火山石多孔，而热带雨林之潮湿，则使一些地衣类植物附壁生长，以致佛像表面皆斑驳，更见苍老，石面亦易受其损。

巴戎寺以东百米为选象台，坐北面南，台上木质建筑早已荡然无存。但石雕台基仍在，长百米的台基用高浮雕手法雕刻了许多大象，而上下台基之石梯的扶手即是象鼻，装饰与实用融为一体，构思奇巧。选象台不仅为国王选择坐骑之用，台前广场还有阅兵或集会之功能，选象台应有观礼台之作用。

选象台对面有12座石塔，名十二生肖塔，不过据说与我国的生肖不同，有鱼、猫等作生肖的。

小吴哥亦称作吴哥窟，不过这"窟"并不作"洞窟"解，事实上它是一座大型的寺庙。这"窟"字，来源于"佛窟"。小吴哥是一座供奉湿婆神的印度教神庙。建于公元12世纪、高棉全盛时期。吴哥窟是一个在约200米宽的护城河护卫之下的方形城池，周长约1 000米。从正门进入有三重回廊，并层层升高。回廊中有着许多精细的浮雕，一般游客多不及细看，径直奔向中心的莲花塔，莲花塔共五座，一大四小，即柬埔寨国旗上的图像，塔即第四重回廊。佛塔下有陡坡，约75度，而阶梯踏脚浅小，每需手足并用方能攀登。佛塔在头顶上，手足并用则呈匍匐之状，有皈依、臣服之意。当然不利于如今之游客，于是旅游局作一呈45度角之木制楼梯供游客上下，方始称便。吴哥窟由巨石垒叠而成，并无黏合之剂，即中空之石塔亦是由石块逐层向上收缩造成，其建筑工艺令人惊叹。

吴哥，人力与自然力的博弈

吴哥古迹现存600多处，多只存颓垣断壁，尚稍完整，可供参观者有十多处，如巴芳寺、圣剑寺、变身塔、拓柯寺、达布笼寺、蟠龙寺、女王宫、巴肯寺、崩密烈等。吴哥建筑被弃于热带丛林中400余年，土、木之建筑早已不复存在，所余者皆石砌成，无一例外。石块虽重可达10吨，风雨难撼，但仍多崩塌，而崩塌之动力却来自植物！

丛林之中各种植物种子落入石之缝隙之中，得水湿之利而生长。山石能压孙悟空，却压不了那些得热带丛林中阳光雨露滋养的大树，尤其

树根宛如巨蟒缠绕石屋

是那些具有板状根的大树。树根的生长竟能掀翻巨石垒起的庙宇，甚至将整个石屋包融其中。供人参观之古迹多已清理，以便行人，但塔布笼寺则将这种"树吞寺"的奇特景象保留，供人参观。巨大的无花果树骑于房顶，树根宛如巨蟒缠绕石屋或插入石壁，若不亲见，必不可思议大自然雄奇之伟力。在大吴哥、小吴哥看到的大多是柬埔寨先人的创造力，让你感到人力之伟大。而到了塔布笼寺则又让你领略到大自然的伟力。吴哥古迹向人们展示的便是这两个伟大力量的博弈。

崩密烈则是一处代表着吴哥古迹当年被深藏于热带丛林中原样的景点。该处树高十丈，根粗盈尺。巨石被大树掀翻，散落一地，细看则见其中不乏精美之雕刻，或花纹或仙女，一如在欧美博物馆橱窗中之所见者。石堆中再有小树成次生林，则树木与石雕、石雕与树木交织成人与自然博弈图。为保存自然破坏力之现场，又方便游人，当地旅游部门已在乱石堆上搭建木扶梯与通道。又有当地村民见有老弱之游客则前来搀扶，略予小费则合掌致谢。彼等村民在此服务者看上去皆较瘦小而面有菜色，但皆着统一制服，尽管皆破旧，却表示他们是"有组织"的。他们的先人曾创造了辉煌的文化，可惜国运不昌，几百年来民不聊生。不过总算近20年少了兵燹之灾，生活逐步安定。祝愿他们的日子慢慢好起来。

吴哥古迹多浮雕，但火山砂石所雕之大者易风化，则多面目模糊，唯女王宫中所存者多为花岗石雕，风化较少，尚足可见其精美。因所雕刻之佛像皆女性神像，故称女王宫，并非柬埔寨有过女王。女王宫中之女神像皆上身赤裸、下着筒裙。据吾友画家王川先生云：这些女神像与印度寺庙中所塑"药叉女"相比并不妖媚，动作亦不夸张，但含矍站立，则显端庄，而且明暗、凹凸处理得当，刀功技法颇见功力。

　　蟠龙寺据说是古代的医院，则引起我前往探究的兴趣。蟠龙是水神的象征，该处遗址为一大四小五个水池，今皆干涸，据称其水为圣水，可以治病。病人至，先由僧侣诵经，然后判断其木、火、水、土有何欠缺，则嘱其取四小池其中之一的水饮用，或沐浴于大池之中，病即愈云云。其法似乎有中国古代医学、金木水火土五行之说的意思。曾询导游今日柬埔寨尚存此医疗之法否？答曰，此系无稽之谈嘛。

印度
印度旅游金三角

印度与我国同属亚洲国家，且有1 000多公里的国界相邻；印度与我国同为世界人口大国，人口皆在10亿以上；印度与我国也都是文明古国，历史皆超过4000年；印度与我国还都是"发展中国家"……可是我国一般民众对这个邻居实在知之甚少。可能是两国虽有1 000多公里国界相连，但国境线上皆崇山峻岭，除有几个山口相通外，风雨且受阻隔，遑论人员来往。印度之于大多数中国人来说，是一个神秘的国度：印度是文明古国，但是他的文明似乎是失传了；印度是佛教诞生之地，但是佛教在印度竟是衰亡了；甚至印度的人种亦十分复杂，他们还有欧洲雅利安人、澳洲孟达人、非洲尼格罗人的血统。

印度的地理与历史

印度共和国位于亚洲南部的印度半岛上，面积298万平方公里，约为我国的3/10。人口11亿，为仅次于我国的世界第二人口大国。印度的形状似一倒三角形，悬挂于亚洲大陆南部，直指印度洋中。其东为孟加拉湾，其西为阿拉伯海。与巴基斯坦、中国、尼泊尔、不丹、孟加拉、缅甸诸国相邻。其北部为喜马拉雅山区，中部为恒河平原，南部为德干高原。喜马拉雅山阻挡了印度洋季风带来的潮湿和大量的雨水，使其停留在印度中部的恒河平原，催生了古印度的哈巴拉文明。不过由于缺少文字记录，对于哈巴拉文明，人们知之甚少，更平添了几分神秘。

约在公元前3000年至2000年，雅利安人开始进入印度次大陆。公元前1500年至600年期间，雅利安人进入印度河、恒河流域，史称吠陀时期。这一时期雅利安人定居了下来，发展了农耕，学会了制陶、织布，实行一夫一妻制，并开始有了文字记载——《吠陀》，吠陀是梵语"知识"之意。其中多为对神明的颂词，但也为后人解读古印度的文明提供了依据。约在公元前600年印度北部地区形成大小不同的16国，其中摩揭陀国东联西并、纵横捭阖，逐步统一了恒河流域地区。摩揭陀国的末代统治者丹那·难陀横征暴敛，终于导致王朝的覆灭，取而代之的是孔雀王朝。孔雀王朝因其国王旃陀罗芨多出身于吠陀种姓的孔雀族而命名。其全盛时期为阿育王时代，统治着印度北部及阿富汗地区，其强盛几可与古罗马帝国比肩。阿育王死后，孔雀王朝日渐衰落，终为巽加王朝、甘华王朝、贵霜王朝等取代。公元4世纪，恒河流域的芨多帝国兴起。公元7世纪，北部的戒日帝国兴起，在这些王朝、帝国时期，印度皆曾有过相对的统一与安定。

公元8世纪，伊斯兰教兴起，阿拉伯人在西亚北非建立了统一的大帝国，逐步染指印度。1192年穆罕默德·古尔率12万大军攻进德里，1206年建立德里苏丹国，统治印度320年。

1526年巴布尔以精良的骑兵结束了德里苏丹国在印度的统治，建立起莫卧儿帝国。莫卧儿帝国是印度封建社会、农业经济最成熟的时期，著名的泰姬陵便建于这一时期。但差不多与此同时，欧洲进入了航海时代，印度的黄金、宝石、香料都令欧洲掠夺者垂涎。最先来到印度的是葡萄牙人达·伽马，他于1498年5月到达印度。随后来到的是荷兰人。欧洲人对印度的狂热，使哥伦布到达美洲时，竟以为是到了印度，至今，中美洲加勒比海的一组岛屿仍被称为"西印度群岛"。英国人后来居上，1781年英国人逐出荷兰人占领了印度。印度从此沦为英国殖民地，长达170年，直到1950年宣布独立。

印度的种族、宗教及其他

印度的人口中，印度斯坦族人口最多，约占45%，其他有泰鲁固族、孟加拉族、泰米尔族、马拉地族、锡克族、旁遮普族等数十个种族。说起印度的人种，有两件事值得提起：一是印度半岛上的最早的原住民应为达罗毗荼人，其后入侵的是雅利安人，雅利安人亦是日耳曼民族的祖先。在希特勒强调大日耳曼主义时，他们并不准备认印度人这门亲，而是强调了纯种的日耳曼。其二是成吉思汗的铁骑横扫欧亚大陆，但征伐印度时却止于钓鱼城。不过建立莫卧儿帝国的巴布尔却是信奉伊斯兰教、突厥化了的蒙古贵族帖木儿的五世孙，亦是成吉思汗的子孙。其实"莫卧儿"在波斯语中即"蒙古"之意。

印度是佛教诞生之地。孔雀王朝阿育王皈依了佛教，将佛教定为国教，在各地大兴佛寺。孔雀王朝之后的贵霜王朝、笈多王朝时期，印度的佛教进入鼎盛时代。我国高僧法显、玄奘等皆在这一时期来此学习、取经。其后随着信奉伊斯兰教的突厥人的入侵，佛教逐渐式微。1202年穆罕默德的部将伊克提亚尔攻占那烂陀寺、超岩寺，寺院被毁、僧侣被杀，至此佛教在印度几近消亡。

印度民族众多，各信各的神。有人称：世界上任何宗教皆能在印度找到信众。如今在印度最盛行的是印度教，印度教与其他宗教不同的是并无教义典籍，亦无礼拜形式。印度教认为造物主与被造之物是统一的，神永恒地存在于万物之中。印度教寺庙宏大，其中供奉除梵天、湿婆、毗湿奴等最高神祇外，各种巨蟒、大象、猿猴、童女等等亦皆为神，信众可以自行选择心中偶像祈祷。

印度从雅利安人入侵时起，在奴隶社会时期逐步形成婆罗门、刹帝利、吠陀、首陀罗四种姓制度，并在封建社会中得到延续。种姓有贵贱、不能相互通婚，为印度社会发展之障碍，近代已废止。

印度独立后各方面得到发展，尤以电影业、软件业的发达令世人瞩目。

德里，因陀罗神的住所

老德里、新德里

印度发祥于印度河、恒河流域，以古迹观光为重点的旅游，自然亦以这一地区为主，故在印度有以德里、斋浦尔、阿格拉三地组成的"旅游金三角"之说。三地中以德里居北、斋浦尔居西南、阿格拉在东南，三地恰成一每边长约190多公里的等边三角形。新德里为印度首都，设有机场，外国游客观光自然皆自德里开始。

德里在印度北部北方邦、恒河支流亚穆纳河畔，面积1 485平方公里。

有新德里、老德里之分。

先说老德里，老德里其实也已经不是"真正老德里"了。德里为印度古都，约在公元前1400年，印度人在此建城，名为"因陀罗普拉斯特"，意为因陀罗神住所。此后几经兴废。公元前1世纪孔雀王朝国王拉贾·迪里重建，并以自己之名命名为迪里，后转为谐音德里。如今之老德里城建于1638年，已是第七个德里了。旧城街道狭小曲折，小商店林立，多伊斯兰宗教色彩之建筑，数座城门仍为当年子遗。

新德里在老德里之南，以建于拉姆利拉广场上的印度门分界。当年英国总督为将首府从加尔各答迁此，始建于1911年，1931年建成，今为印度首都，是为第八个德里。新德里按统一规划修建，街道宽阔，绿树成荫。主要建筑有总统府、议会大厦等。康诺特广场周围高楼林立，为主要的商业区。广场中部为花园，多植花草树木，供市民憩息。

总统府建于新德里的拉伊西纳小山上。1929年建成，称维多利亚宫，印度独立后改为总统府。采用红砂石建造，半球形圆顶犹如蒙古包，则反映出莫卧儿风格。其内有莫卧儿花园，据说有长园、方园、圆园，内植奇花异草，每年春季开放一月，供人参观。总统府左侧为议会大厦，主体建筑为圆盘形，围以白色大理石石柱，呈明显的中亚风格。惜乎到访时不但不在春季开放之月，又逢该地有不"安定团结"之事，总统府与议会大厦门前军警持枪列队，警戒线外有警员指挥车辆、行人快速通过，不得停留。两处景色只能隔窗一望而已，乃悟旅游之事亦需安定团结之理。

新德里之城市风貌当不下于世界各国之首都，唯有两点颇为费解：一是公共汽车皆多破旧，以其经济力当不致此。尤其奇者为车多有框无门，行车时无门可关，及到站，车行甚缓，乘客跃身上下。老人及携物者应无乘此车之可能。不止新德里，印度其他城市亦多如此，未知交通当局作何解。二是印度教以牛为圣物，印度之牛多灰白色者，间或亦有棕色者，其形如我国之黄牛。在彼农村中曾见以牛拉车者，但在城市中则见牛皆无主，满街闲逛，随意便溺，以城市垃圾为食，多瘦骨嶙峋，及老或病则任其倒毙，无有人杀而食之。据说若杀一牛则将获刑五年，即非印度教徒乃至穆斯林亦如此。故在印度行车，即如新德里市区亦得时时避让牛只。

红色的宫殿与白色的庙

红堡为德里主要游览点之一。在旧城东北，亚穆纳河西岸。为印度最大之王宫，南北长915米，东西宽548米，为一不规则的八边形巨大城堡。莫卧儿王朝沙贾汗大帝为将都城自阿格拉迁此而造，建成于1647年。整个建筑仿阿格拉红堡，皆以赭红色砂石建成，故亦名德里红堡，以别于阿格拉红堡。红堡城墙长2 400米，高33米，正门为拉合尔门，朝西，门拱高12.5米，甚是雄伟。门内为长70米之拱廊街，可达觐见宫，为皇帝接见来使之处。左侧为内殿，其后为枢密院，全用白色大理石建造，是皇帝与大臣处理政务之处。其北为寝宫以及被誉为"印度最美的清真寺"的珍珠清真寺等。英国入侵印度后，对印度的压迫与剥削，曾引起1857年5月的反英起义。起义军曾在红堡推莫卧儿末代皇帝复位，后被英军攻破，王子、王孙被杀，国王、王后被英国人囚于缅甸，后死于狱中。

红堡附近的朱木拿河畔有孔雀王朝时的阿育王柱。柱高12.97米，底部直径约1米，顶部约0.65米，重27吨，表面镏金，系阿育王为弘扬佛法而立。顶部有一精美之柱头，惜已与柱身分离，不知所去。不过现存于萨尔纳特考古博物馆的、一个原在佛教圣地鹿野苑的阿育王柱的柱头，仍可见其精美，并成今日印度国徽之图案。据考：阿育王为将其皈依佛教之事昭示天下，共立30根石柱，分布全国各地。柱型大致统一，柱头多为狮、象、牛、马等。在鹿野苑的一根柱头为四雄狮，当年唐代高僧玄奘曾见，称其"石含玉润，鉴照映澈"。近年我国上海静安寺门前亦树一阿育王柱，即取四狮为柱头之式样。

德里东郊亚穆纳河畔有印度国父甘地的陵墓。陵园四周为坡状围墙，其上绿草如茵。中部花丛中为一黑色大理石陵墓，为高1米、长宽约3米的平台。墓后为长明灯，象征印度争取独立、不屈不挠的精神。陵墓无任何装饰，极其简朴。陵园门前有老妪卖花，有游人购以奉献墓前。游人入园必须脱鞋而入，以示尊敬。

德里东南有一奇特之建筑，状若盛开之莲花，故称为莲花庙。该处

德里郊外的莲花庙

建筑高34.27米，底座直径74米，由三层花瓣组成，通体皆白，全由白色大理石构建，其底座旁更有九个连环的池塘，一泓清水衬托着白色莲花，蓝天之下，更显圣洁。该处建筑由世界巴哈伊教徒捐款，建于1986年，为该教圣庙。巴哈伊教由巴哈奥拉创立于1844年。该教主张融合各种种族、国家、宗教，组成国际大家庭，扫除迷信与偏见，建立世界永久和平。其意似如孙中山先生"世界大同"之意，故亦有译为"大同教"者。

阿格拉，古之辉煌今未续

在古都遇到吉卜赛人

阿格拉为北方邦第三大城，距德里约190公里。印度的公路网甚是发达，不过并没有高等级的高速公路，好在路上车辆也不多，因此倒也通畅。我们乘坐的大巴由旅游公司提供，半新半旧，车内尚宽畅，不同于公共汽车，倒是有门有窗，还有暗红色的带流苏的窗帘，驾驶室宽大，据说印度政府规定，凡长途车必备副驾驶，自是避免司机疲劳驾驶之意。不过190多公里路程并不过长，用两名司机恐是有扩大就业率、有饭大家吃之意吧。驾驶室内有铺盖，据说副驾驶、一缠着红色包头布的锡克族小伙子即夜宿车内，是以车为家了。

阿格拉是莫卧儿王朝的故都，1526年巴布尔建立莫卧儿帝国时便定都于此，直至1647年拉贾汗大帝迁都德里为止，作为莫卧儿帝王首都120余年。从阿格拉堡之雄伟与精致来看，推测当年作为莫卧儿帝国首都的阿格拉一定也是十分精美的。不过时过境迁，如今的阿格拉则显得十分破败。市区建设无多，路面年久失修，天晴尘土飞扬，雨后则泥泞不堪。

阿格拉堡即德里红堡的原型，位于阿格拉市亚穆纳河畔，1564至1575年由莫卧儿王朝阿克巴大帝兴建。由于皆使用当地所产红砂石建造，故亦称红堡。阿格拉堡城高70英尺，方圆一英里半，城内有古建筑近500座，多为印度教与伊斯兰教风格。皇宫的主要建筑有觐见宫、枢密院等皇帝处理政务之处。此外尚有观鱼池、宝石清真寺等设施。枢密院往东为内宫，有喷泉、水池，东北角有一镜宫，四壁与天花板上嵌满云母及小镜片，烛光照耀之下熠熠生辉。最值得一提的是在枢密院旁有一八角楼，原系沙贾汗大帝为庆贺其宠后泰姬生日而建。八角楼内用宝石嵌成花朵图案，光彩夺目。据说壁上曾有一大宝石，可以反射出泰姬陵之全貌。当年沙贾汗被其子奥朗则布篡位后，即被幽禁于此。沙贾汗只能通过此宝石之反射，日日在此遥望爱妻陵墓，寄托无尽哀思，形成千古佳话。其后宝石被盗，至今墙上仍留有碗口大窟窿，以附会其说。

阿格拉市西南有一名法塔赫布尔西格里的古迹，读来甚不顺口，多以其意译之为胜利城。何以名之，不得而知。但知相传16世纪时有圣人来此讲道。阿克巴大帝亦来朝拜并求子嗣，次年果得子。何克巴视此为圣地，决定在此建城迁都。俟建成，因缺水而被迫放弃。至今在一小山上用作皇宫的赭红色城堡仍在，成为一游览之所。

我们得印方有关方面款待，住高级宾馆，其设施、服务俱称一流。晨起无事至旅馆周边闲逛。却见紧挨宾馆之路边即有吉卜赛人居所。吉卜赛人在俄罗斯，称为冈茨人，散布于欧洲、西亚各国，系一种流浪民族，四海为家、歌舞为业，并长卜卦算命之技。我国民众对吉卜赛人知之甚少，有知道吉卜赛人的，可能因电影《巴黎圣母院》中美丽而不幸的艾丝米拉达是吉卜赛女郎之故。吉卜赛人之居所以帆布、塑料块为屋顶，四壁不全，好在印度天气炎热，谅无大碍。家中并无桌椅床柜，衣物随意堆放。一白须老者盘膝而坐，持一小型收音机，神态安详，在聆听新闻广播；一老年妇女在街边以砖支撑一铁板，在其上烙饼，谅是在为一家人准备早餐；儿童四五个则在泥地里打滚玩耍。未见青壮年，因语言不通，为免失礼，未便驻足详察。

世界建筑奇迹泰姬陵

阿格拉名胜古迹甚多，其中最著名的是泰姬陵，被视为世界建筑奇迹。大约到印度旅行之人没有不去参观的。

泰姬·玛哈尔美貌多情，为莫卧儿王朝第五代皇帝沙贾汗的宠后。在随沙贾汉出巡中因难产而死，沙贾汗悲痛不已，决定为其兴造大型陵墓。

泰姬陵建于亚穆纳河畔，红砂石为围墙，长576米，宽293米，占地17万平方米。入门需经安全检查，自大门至陵墓有喷水池，两旁为人行道。四周奇花异草，绿树成荫。甬道尽头为陵寝，陵墓全部用白色大理石砌成，建在高7米、长宽各95米的大理石台基上。寝宫居中，为一八角形建筑，其上有高耸的半球形圆顶，总高74米。四周各有一座高40米类似清真寺宣礼塔的圆塔，为防止圆塔倾倒压到陵寝，塔身皆略向外侧倾斜，不过皆不显著，若不点明，多不发现。陵寝共分五室，内壁上皆用珠宝镶嵌成各式花卉，光彩照人。其内有一门雕刻精美，据称系礼聘中国工匠雕成。

名闻遐迩的泰姬陵

墓室内壁墙上皆浮雕与镶嵌之宝石，中置泰姬之墓碑，而国王沙贾汗之墓碑则在其侧。石棺存于地窟中，墓门亦系镶嵌宝石之大理石。

皇后之碑居中，国王之碑在侧的这一葬式与我国的帝后陵寝大不相同。此事倒不是因其时该国盛行女权主义，而是另有原因。莫卧儿帝国传至第五代汗贾汗王之时，国力已呈衰势。沙贾汗为建此陵，据说每日需动用2万名工匠，自1632年起建历时22年方始完工，耗资4 000多万卢比，已是民怨沸腾，而沙贾汗却仍拟在亚穆纳河对岸为自己建一黑色大理石的同样陵墓，以便身后与爱妻隔河相守。隔河相守，这与我国人的想法不同，大约他们认为涉水而过并非难事，或者更显浪漫吧。于是激起兵变。兵变者拥其第三子奥朗则布为王，并将沙贾汗软禁于阿格拉堡，沙贾汗郁郁而亡，其子将其葬于泰姬陵中，了其与爱妻相守之愿。因泰姬陵建筑完美无缺，后人不敢轻易改动，故只好将沙贾汗之碑置于侧位了。古来爱美人不爱江山的帝王有，因美人而丢了江山的也有，沙贾汗应也属此类情种之一吧。

泰姬陵全部用白色大理石砌成，蓝天白云之下、花团锦簇之中，有此世界建筑之奇葩，自是美不胜收。若是得缘四时晨昏动态观察，或是风霜雨雪之中静心欣赏，则必更有层层意境，岂是"美不胜收"一词所能概括哉。

斋浦尔，曾经光辉的土邦首府

斋浦尔在德里西南方，距德里191公里，为拉贾斯坦邦首府，亦是印度教、耆那教之中心。1727年为拉贾斯坦邦王杰·辛格创建。斋浦尔与德里及阿格拉不同，它不是也不曾做过印度的国都，但它却是"邦都"。"邦都"并不等于省会，在印度独立前，它是独立于印度的。斋浦尔城的建筑以王宫为中心，东西、南北的大道使城市若棋盘状，颇符合现代城市规划。尤为惊奇者该城之建筑物外皆饰以粉红色，致该城有"粉红色之都"之称。

斋浦尔的王宫今称城市宫，计有十余座建筑，皆富丽堂皇。其中以高七层的章德拉宫最为壮观，该处建筑融印度教与伊斯兰教风格为一体，集端庄与秀丽为一身。印度独立后，土邦并入印度，王宫亦改为博物馆。博物馆馆藏甚丰，曾去参观，其制式与现代博物馆不同，倒像是庙宇的大殿。馆藏之中有我国清代龙袍及"状元及第"古画，或是英人掠来也未可知。据说宫中一部仍为邦王后裔所居，该嫡传子孙若在家中时即在印度国旗下附一小旗，若外出则不升该旗。似乎还有些"摆谱"之意。

斋浦尔市中心有一座"风之宫"，系一粉红色五层楼之建筑。风宫造型奇特，其顶部为多个拱形圆塔，宛如一座塔楼，正面则为无数突出的八角形窗户，密集如蜂巢之状。窗棂雕刻各种图案，十分精美。据称如此多之窗户是为供居住其间之后妃们眺望街景之用。由于窗户众多，且多突出，于是八面来风，故而此处亦有了风宫之称。风宫造型奇特，多用作宣传品中斋浦尔市之代表。参观时本拟在门外广场上作一写生画，惜行乞者甚多，似不便久留，匆匆摄一照片罢了。及登车，仍有乞者拥

斋浦尔的风之宫

至车门处,其中不乏少妇,估计20岁不到,但抱一婴儿,作楚楚可怜之状,令人怜惜。

斋浦尔游览必到之处为市郊之安贝尔宫,或译作琥珀宫。琥珀宫为土邦王避暑行宫,始建于公元11世纪,经历代土邦王不断增建,乃成山顶古堡群。古堡之围墙依山而建,逶迤起伏,在山下观之,我国游客皆以其极似万里长城。宫中建筑风格各异,有取印度教风格的,有取伊斯兰教风格的,有合二为一的。各处建筑中以"镜宫"最为奇特。镜宫为土邦王寝宫,雕花饰彩自不必说,又以无数小块水银镜片装饰,入夜燃烛,则镜片反光如繁星满天,令人有游广寒之感。不过如今年久失修,镜片多已剥落无存。

琥珀宫之宫门在山下,上山有象可"乘",称之为乘而不称骑者是因象身巨大。象背上置一木盘,盘中置坐垫,乘客先登一梯,高及象背,跨入盘中,盘膝而坐。一般一象可乘二人,象之主人则在前引导,徐徐登山而行。途中有众多小贩兜售商品,游客乘象者多,何能上下选购?但彼等自有良策,将所售之商品,如铜铸之孔雀、大象等小件径直抛入乘客所乘之象背上盘中,彼等练就功夫十分准确。此时方悟象背上之"盘"尚有贮物之用。欲抛回,又恐毁其物,或伤其人,只好付钱"吃进"。带回细看,造型拙朴,尚敦实,倒也罢了。

新加坡

城市岛国新加坡

一城即一国,在古希腊称为城邦。我国古代分封诸侯,小的诸侯亦只有一城的领地,当然在多数历史时期,它们不一定能称为真正意义上的国家,因为还有封它的中央政权存在,它们只是地方自治政府罢了。至今欧洲还有几个一城之国,如摩纳哥、列支敦士敦等,多系古代欧洲政治格局的孑遗。但在亚洲却有一个新兴的城市岛国,那便是新加坡共和国。

新加坡的历史与地理

新加坡共和国位于马来半岛的最南端,西北部以柔佛海峡与马来西亚分界,东南为新加坡海峡与印度尼西亚相望。柔佛海峡最窄处只一公里,有长堤相通,两国交往密切。新加坡海峡为马六甲海峡的起始部分,地处太平洋与印度洋交通要冲之地。新加坡地处赤道附近,属热带雨林气候,终年高温多雨。不过由于海风吹拂,加以全境绿树成荫,置身该国,"体表舒适度"大致如身处我国岭南一带而已。新加坡全境由大小50余岛组成,主岛为新加坡岛,占全国面积9/10。全国面积647平方公里,人口389万。华人占78%,其余为马来人、印度人及欧洲人等。英语、华语、马来语、泰米尔语同为官方语言。旅居国外的华人据说有7 000多万，不知确否？这些华人散布世界各国，成一国人口之主体者，唯此一国。满眼华人、满耳乡音，故国人至新加坡颇有"宾至如归之感"。有趣的是中国改革开放，急于学习国际上许多先进管理经验，新加坡大占语言沟通便利的先机，大办各类进修学习教育。上世纪90年代初，我亦曾被中国卫生部派遣，赴新加坡大学学习医院管理。据我们的老师、该校管理学院的杨威荣教授戏称，他到中国若买不到机票可找民航局领导、没钱用可找银行领导、生病了可找医院领导……因为他在中国已经桃李满天下了。

新加坡古称淡马锡。郑和下西洋应到过此地，不过似乎没有留下什么遗迹。1819年英国人莱佛士在新加坡河口登陆，"发现了"新加坡岛，故在新加坡有莱佛士广场、莱佛士登陆纪念碑等设置。其后英国人注意到此处重要的地理位置而大量拥入，并将其与马六甲、槟城等并称为"海峡殖民地"，纳入了大英帝国版图。二战以后，各地民族革命风起云涌，1957年马来西亚独立并与新加坡组成联邦。1965年新加坡脱离联邦独立，一个崭新的共和国从此自立于世界民族之林。

新加坡的社会相

新加坡扼东西航运之要冲，故航运、仓储、造船、贸易成其经济基础。新加坡弹丸之地并无矿产之利，但其邻国文莱却丰产石油与天然气，而新加坡海上钻井制造、开采炼油、石油化工技术一流，于是两国合作开发，各得其利。此两大宗产业奠定了新加坡的经济基础，加以治国有方，新加坡国泰民安，成为南亚经济中心。

新加坡市中心、克拉码头、乌节路一带高楼林立，世界各大银行、各大公司的分支机构皆设于此。乌节路为著名的商业街，入夜灯火辉煌，各店橱窗内满是世界顶级名牌商品，顾客衣着亮丽，神态怡然。其繁华时尚绝不亚于纽约、伦敦、巴黎，或稍有别者，则为安静，身处闹市而绝无喧嚣之感。

热闹之处亦有，如牛车水、早期的华人聚居区。牛车水一带多为二三层楼的建筑，楼下为店铺，楼上为住家。虽多已有近百年之历史，但因不时维修，虽旧而不破，其式样中西合璧，底层内缩，留出雨廊，一如华南城市，自是适应该地多雨天气之故。多用黑色小瓦为顶，而窗户门楣则采用西洋格式，被建筑界称为巴拉斯式。店家所售多为华人生

新加坡的唐人街，牛车水

活用品、饮食杂件，每天人头拥挤，叫卖、讨价热闹非凡。还有一热闹去处为武吉士街，每当华灯初上，各式摊贩当街练摊，出售各式衣物、食品、水果、磁带之类，为青年伴侣之最爱，充满南亚风情。

新加坡政府关注民生，建有大量廉价公租房，称为"组屋"。据说年轻人登记结婚即可分配组屋居住，真正实现了"居者有其屋"。对此，我国上海市政府曾多次派员学习，可能国情不同，或许在我国尚难实施。何以称为"组屋"不详，或许是指除可住之房外，尚有配套生活设施如商店、学校、医院、体育场等形成一组完善的生活小区之故。新加坡的淡宾尼公共住宅区，即曾获联合国世界居住环境大奖。

新加坡实行全民公费医疗，医疗设施完善，医疗技术高超。有较为完善的家庭医学服务，一般疾病在社区即能解决。各大医院病床充足，危重病人绝无无床收容之事。不过其病房皆分等级，如C级病房为"大统间"，有电扇；B级病房为双人间，有空调；A级病房为套间，有冰箱等等。新加坡总医院尚有一层楼病房为文莱国苏丹专用。至于A、B、C级病房的分配，据说是按其积存于政府的公积金多少而定，当然亦有其合理之处。

新加坡虽华人众多，中国人、印度人、欧洲人都带给新加坡各自的文化。新加坡人对各种文化的包容力甚强，金碧辉煌的佛教庙宇与有着尖塔的清真寺为邻，各念各的经；哥特式的基督教堂与供奉猴神、象神的印度教神庙相近，各信各的神。新加坡民众对新加坡建国以来的发展皆表满意。一次访问新加坡，适逢其国庆日，民众齐聚国会广场高唱"Stand up Singapore（新加坡站起来），"群情激昂，甚为感人。

新加坡政府廉洁高效，举世瞩目。新加坡民众亦以此为自豪，新加坡友人谓："我们那么多钱（指公积金）存他们那儿，他们敢不廉洁。"当然，在一些知识界人士中，对政府的一些高度集中的管理理念亦有微词，认为缺少了些个性的发展。

鱼尾狮和圣淘沙

新加坡并无山川风光之胜，亦无历史古迹可游。但新加坡政府为丰富民众生活并发展旅游事业，建造了众多园林、场馆，而且大多寓教于乐，参观游览的同时又能增加知识，是为其特点。

到新加坡旅游，鱼尾狮是必看的，因其为新加坡之标志。相传古代海上曾有如狮子状的神物平息风暴，挽救了淡马锡古国，故称此地为狮城。"新加坡"即马来语中狮子之意。而鱼则为古代淡马锡之象征，故将二者合一，成为鱼尾狮。鱼尾狮雕像高8.6米，由纯白色大理石雕成，鱼尾狮建成后坐落于新加坡河口的鱼尾狮公园中，狮口日夜不停地向河中喷水。由于代表了新加坡，成为世界著名雕塑。不过诚如吾友、亦是雕塑家的王川先生所言，此种童话式雕塑与周围之摩天楼甚不协调。或许新加坡人亦有同感，现已将鱼尾狮移至浮尔顿一号填海地更大的公园中了。

圣淘沙在新加坡本岛之南，算起来应为新加坡之第三大岛。原系英军军营，新加坡独立后改为公园，与新加坡本岛有空中缆车相通，游客可免舟楫之劳。岛上有沙滩、椰树，游客可在此享阳光、海水之乐。不过赤道地方阳光过于灼热，马来妇女出门尚戴面纱，华人妇女亦不以晒黑为美，故似鲜有问津者。倒是岛上有些展馆值得一看。如海底世界，为亚洲最大的海洋生物馆。其水箱储水310万立方公升，畜养海洋动物4 000多种。尤其有趣的是大水箱中有隧道，长百米，游客只需站立其中电动人行道上，便可进入"海底"，透过钢化玻璃，可以近距离观看海洋生物，忽见大鲨鱼迎面冲来，又见大海龟从头顶游过，令人惊喜不已。岛上的蜡像馆所塑蜡像如真人大小，配以场景声光，展示新加坡之历史。蜡像馆大致分两部分，一为新加坡之发展史，其中颇多介绍华人先辈来此开发之情景。一塑像为华人妇女（旁注为广东三水地方妇女）挑担而来，其担一头为一些劳作用具，一头为一小童，令人印象深刻。而另一部分为二战中之新加坡战史。二战中日本偷袭珍珠港得手后迅即向南亚推进,被称为"马来之虎"的山下奉文率部一路势如破竹,其时法国已亡于德,英军凑些澳大利亚与印度军队在此抵抗,结果丧师辱国,只好投降保命。有谓英国人"不战而降",倒不是事实。事实是大英帝国的老爷们轻敌,据一本战后美国人写的书说:当时在新加坡的英国人俱乐部里,英国的大人先生们竟然觉得日本人的眼睛太小,打枪都打不准,能打什么仗?而英国的少爷兵,这美国人的书说,他们像"圣诞树",身上挂满了毛毯、水壶、食品罐头,怎么敌得过只带一包米饭、一块咸肉为食的日本兵?是役英军伤亡13万余人,日军伤亡不足万名。至今新加坡的克兰芝烈士公墓中尚有4 000英军埋骨于此,便是证明。当然日本人打了一场不义之战,最后还是以失败告终。英国人跑到亚洲来折腾一阵子,结果还是回了老家。还其本来面目,历史是最无情的。

除了这两处景点之外,若有时间,新加坡植物园最值得一看。该植

圣淘沙的海滩

物园以展示热带植物花卉闻名，许多品种是我国国内不可能一见的。园中有名贵兰花12 000多株,包括卓锦万黛兰、珍丹妮兰等极为名贵之品种。新加坡的胡姬兰有大量出口，亦由该园研发。

此外，廊裕飞禽公园、鳄鱼园、蝴蝶园和世界昆虫馆以及新加坡科学馆、文化博物馆、新知馆等皆可顾名思义，参观游览之余必定增加科学、艺术、人文知识。新加坡发展旅游业之经验对于我国一些地方无中生有、假造古人墓穴、争抢名人故里者甚值借鉴。

以色列　巴勒斯坦
耶路撒冷，一城三圣地

地中海东岸，属亚洲近非洲的巴勒斯坦地区有一令世人瞩目的古城名耶路撒冷。之所以举世瞩目，是因为该地集世界三大宗教的圣地为一体，世界三大宗教的信徒皆神往之；历史学家、宗教学家关注之；而该地半个多世纪以来纷争不断，故世界组织、和平人士忧心之；而如我等之"局外人士"则亦因而有兴趣前往一探究竟。

老住户回归，早已面目全非

亚洲西部多山地、沙漠，除近代发现丰富的石油资源外，其实自然环境并不优越。烈日当空、酷热难挡，故居民多着长袍带头巾，以避阳光的照射，水资源贫乏，农业难有发展。区内有一大湖，惜乎含盐量极高，以致动植物绝迹，得名"死海"。

不过亚洲人自古勤劳，约在5000年前就有人在今巴勒斯坦地区定居，艰难生存发展，创造了高度的文明。他们属迦南人耶布斯部族，相传耶布斯王麦基洗德在此建城，名"耶路撒利姆"，即和平城之意，为今耶路撒冷城的最早雏形。公元前13世纪犹太人的祖先希伯来人来到此处，公元前1020年建立希伯来王国，为犹太人在此立国之始。公元前923年正式名以色列国，并以耶路撒冷为国都。但自公元前8世纪起，以色列国不断遭受周围强国入侵，先后附属于巴比伦、波斯、马其顿诸王国。公元前63年罗马帝国入侵，不但毁其圣殿，还将犹太人尽数驱逐。自此犹太人痛失家园、流落四方。公元636年阿拉伯人战胜罗马人，占领耶路撒冷。此后该城即长期处于阿拉伯人手中，屈指算来至今也已1300多年。1517年起耶路撒冷属奥斯曼帝国所有，仍属穆斯林世界。第一次世界大战后奥斯曼帝国瓦解，1922年起耶路撒冷归英国"委任统治"。由于自19世纪末起犹太人痛感无国之苦，在世界各地掀起"犹太复国运动"，并有陆续回归耶路撒冷定居者。而在二战之中纳粹杀害600万犹太人的惨痛事实，更让世人对犹太人大动同情之心。于是1947年联合国大会决议将巴勒斯坦分治：分别建立犹太人的以色列国及阿拉伯人的巴勒斯坦国。而耶路撒冷则"国际化"。1948年5月14日以色列国建立，世界犹太人纷纷返回故园。以色列国国力日盛，经过多次与阿拉伯人的战争终于占领耶路撒冷。并于1980年自行宣布耶路撒冷为其首都。而巴勒斯坦国于1988年宣布建国，亦以耶路撒冷为其首都。一城三圣地引来宗教的纷争未决，又添一城两国都之事，终成旷世难断之公案。

平心而论，耶路撒冷确是犹太人的故国家园。不过2000多年来时过境迁，耶路撒冷早已易手，阿拉伯人在此居住也已1300多年，亦是不争之事实。要怪，只能怪罪罗马人的不是，他们当初不该鹊巢鸠占。不过古罗马人离去已经一千多年，大约全世界是没有任何一部法律可以追诉的了。

耶路撒冷的老城区

耶路撒冷城分东西两区，西区为19世纪末期通过各种渠道返回故里的犹太人所建，高楼大厦与林荫大道一如世上发达国家城市一般。而"故事"则皆发生于作为老城的东区。

耶路撒冷的老城几千年来饱经战火，曾八次被毁，又一次次重建。现在所见之旧城为400多年前土耳其苏丹苏莱曼所建。城周约5公里，城墙高约40米，有7个城门和34座城堡。城内丘陵起伏，房屋依势而建。其中穆斯林区建筑最为古旧，窄街小巷两旁皆是小型商铺，而且沿街设摊。其情其景，颇似上海城隍庙之小商品市场。但其沿街建棚，遮阳避雨十分严实，以致"不见天日"，游客至，多难辨方位，似有入迷宫之感。

巴勒斯坦地区"圣迹"遍地。耶路撒冷更是集中。老城区中就有犹太教第二圣殿遗址之哭墙；伊斯兰教创始人穆罕默德升天之地萨赫莱清真寺；基督教耶稣受难地圣墓教堂等等。皆是三教顶级圣地，不知缘何凑在了一起。

阿克萨清真寺宣礼塔上悠扬的唤拜声响起，呼唤穆斯林们做礼拜；圣墓教堂里会传出基督徒唱赞美诗的歌声；而哭墙面前则有犹太教徒不断地祷告。若得三教和平相处，应是世人之愿。

哭墙，犹太人的精神寄托

约在公元前10世纪，大卫王统一犹太各部，建立了以色列国，并定都于耶路撒冷。后传位其子即所罗门王。所罗门王在位期间于耶路撒冷锡安山上建一圣殿，建成于公元前957年，为犹太人集会之所。据记载，该圣殿规模宏大，屋宇壮丽。公元前586年毁于巴比伦国王尼布甲尼撒二世之手，并将多数犹太人掳至巴比伦。公元前538年波斯王居流士二世灭巴比伦，允许犹太人重返家园，犹太人乃在原址重修圣殿，即第二圣殿。但自公元前54年起罗马人即不断入侵，于公元63年亡以色列国，又过了七年，罗马人驱逐了犹太人，并毁掉第二圣殿。第二圣殿被毁后仅余一段西墙，公元691年阿拉伯人修建萨赫莱清真寺围墙时将其并入清真寺围墙中。被逐出家园的犹太人四处流浪，仍不时思念故土，得有机会时常来探访，而故国家园面目全非，唯该段围墙尚是祖先之物，于是聚于墙下发思古之情，或祈祷或哭泣，甚至有大声嚎哭者，"哭墙"因此得名。

哭墙及墙前的哭泣祈祷者

蓄须戴帽者为犹太教士

哭墙长约50米,高18米,由巨型花岗石块垒成。经过数千年风化,石块之表面多剥落,呈赭黄之色,并多苔痕,墙上部之石与石之缝隙中多有附生植物,而下部则多塞有经卷。我们到访之日,并无宗教活动,但仍有犹太教士戴黑色圆礼帽,着黑色长袍,面墙祈祷。这些教士多长发长须,据说按教义不可修剪云。除教士外亦有一般教徒来此祷告与哭泣者,甚至年老体弱者则取一折椅坐在墙前祷告,其情至诚。我等只能在禁戒线外观之。一段围墙寄托了世界犹太人3000年的情思,世间绝无仅有,故作速写一幅记之。

穆罕默德升天之处

今之哭墙是为萨赫莱清真寺围墙之一部分。萨赫莱清真寺在耶路撒冷老城区东部一座被称为神庙山的小山丘上。相传公元627年7月一天夜里,伊斯兰教创始人穆罕默德在睡梦中被天使唤醒,骑飞马从麦加来此,踏着此处的一块石头升天,见到"天堂"、"先知",聆听了真主的教诲后于黎明返回麦加。此说在《古兰经·夜行记》中有记载。故穆斯林以太阴历7月17日为"登霄节",而且视耶路撒冷为圣城。公元691年阿拉伯倭马亚王朝在此建清真寺,寺之主殿为金色大圆顶,在阳光下光彩夺目。

金色圆顶为萨赫莱清真寺,其下即哭墙

圆顶下为等边八角形墙体,每边宽20.5米、高9.5米,全部用石块砌成。圆顶下供奉穆罕默德登天时所踏圣石。圣石系山丘上之岩石,长17.7米,宽13.5米,最高处1.5米。其上有镐凿痕迹,系东征之十字军所为,因他们东征即为讨伐阿拉伯人,故对这些圣物大不敬。圣石下有一洞穴,穆斯林们都认为他们死后灵魂可在此洞中相聚。

在耶路撒冷有十多座大小清真寺,另一座著名的清真寺是亦与穆罕默德这次"登霄夜行"有关的阿克萨清真寺,是阿拉伯世界仅次于麦加圣寺与麦地那先知寺的第三圣寺。据认为去阿克萨清真寺朝拜,真主即可赦免其任何罪过。该清真寺始建于公元705年,后毁于地震。现存者为11世纪扎西哈里发时代所建,亦已千年。该寺规模宏大,主体建筑是由百余根石柱支撑的高88米、宽35米的大圆顶结构,寺前有水池,供人们礼拜前"小净"之用。

耶稣基督生死之地

耶路撒冷更是基督教的圣地。传说耶稣即诞生于耶路撒冷以南、伯利恒的一个山洞里。那里建有耶稣诞生教堂。耶稣在这一地区传教,为当局所不容,执送罗马总督被判死刑,钉死于十字架上。相传耶稣死后

耶稣的墓地，圣墓教堂

3天复活，40天后在耶路撒冷东部橄榄山升天峰升天。公元335年罗马皇帝君士坦丁一世之母海伦娜皇太后巡游至此，对耶稣甚为崇敬，下令在耶稣被处死和安葬处建圣墓教堂。圣墓教堂实际上是一组大大小小的教堂。耶稣之墓便在其中。教堂中亦供奉一石，系钉死耶稣时十字架下的石头。

　　在耶路撒冷，每周五下午3时由当地圣方济会教士带领，众信徒进行"苦行路"仪式，按当年耶稣被判决后背负十字架，直到被处死的行程，缓缓行进。信徒们高唱圣歌，有的还背负十字架，据说还曾有宗教狂热者自愿被钉在十字架上参加仪式。每年复活节时还有从世界各地赶来参加此仪式之基督徒，更是盛况空前。惜乎我等游览时行色匆匆，未能等到下午3时即匆匆离去。

俄罗斯

俄罗斯三城

美、英、德、法诸国距我国路途遥远。即如今交通便捷，波音747飞机的航程至少也在11小时以上。日本与我国隔海相望，印度则有喜马拉雅山居中相阻。世界之大国唯俄罗斯与我国相邻。我国东北地区之东、北、西三面与之相交，新疆亦有一处与之相连。中俄两国之边界线有数千公里之长。

中俄两国的关系，也是说来话长。基本上在清代中叶之前俄罗斯本质上是一个欧洲国家，跟中国也没有太多的往来。18世纪后期，他们逐步向东发展，西亚的一些地区比较容易得手，到了东亚这边，碰到大清国的"黑龙江将军"之类，却连遭败绩。不过到了19世纪后期，大清国国力日衰，虽说中俄之间并未有大规模征战，但沙俄却乘人之危，连连得手，割去了中国大片土地。"十月革命一声炮响，给中国送来了马克思列宁主义"，新中国成立，苏联成了中国的"老大哥"。可惜好景不长，两国开始交恶。接下来苏联解体，两国复又友善。

抛开这些政治、外交问题不谈。俄罗斯在稍有点文化的中国人心目中是一个出了托尔斯泰、屠格涅夫、果戈理、普希金、门捷烈夫、巴甫洛夫、列宾、柴可夫斯基、乌兰诺娃……的民族，应该也是一个伟大的民族。尤其对于求学于上个世纪50年代的人而言，多少都有些"俄罗斯情结"。

中国改革开放，人们得以走出国门。去了欧美之后，"俄罗斯情结"作祟，总想去看看这个北方兄弟，不知他们生活得可好？

海参崴，俄国远东军事重镇

一次不期而遇的旅行

2004年初夏，在吉林省牡丹江市开会，其间有旅行社人员前来兜售"俄罗斯三日游"，俄罗斯之疆域堪称世界第一，三日如何游得？原来只是去海参崴的"边境游"。好歹也算是去趟俄罗斯，于是便报了个名。手续倒不难办，甚至没有护照都行，拍个照，交点钱，就办成边境通行证了。会议结束次日，一早乘了旅行社的大巴出发，一路一马平川，满眼都是绿油油的庄稼。车行约四小时到了中俄边界。俄国的边检人员下班吃饭去了，我们也早有准备，知道他们历来如此的，只好一面排队，一面吃起随带的干粮来。大约他们吃了饭是要午睡的，所以等到一点多钟，他们才姗姗而来。而此时又有不少俄国人提着大包、小包而来，他们是过境采购的"倒爷"。他们虽然在我们之后而来，但关员却让他们先过，国民优先，我们也没话说。终究这是人家的地方了。同行者之中有几位嘟囔起来："这地方本来是我们的。"总算轮到我们了，看了一下证件，挥挥手也就过了。不过另一团队的中国人中却有一位被叫去办公室，原因是他把食品包装纸丢在地上了，据说是罚了款才了事。国人在这些事上不甚检点，也确实不好。

过了关就要换乘俄方的车子，车子比我们原来的小些，也陈旧些。但总算到了俄国，兴奋之下，也就不介意这些了。这边和我们那边自然环境相同，同样风和日丽、一望无际。不过却是"江南草长，杂花生树"。大片沃野，杂草丛生，黄的、白的，各种不知名的野花迎风摇曳。真想下车到那草原上奔跑一下，顺便采几支野花……不过，这不是为旅游者而设计的，只是此地地广人稀，没人种地而已。路过一个路边小店，停车稍息。进得店中，烤奶油面包的香味扑面而来，两位20岁左右、身着相同的白衬衫和带花边的蓝色布拉吉（俄语"连衣裙"），而且长得颇为相像的俄罗斯姑娘在忙碌着，一下让我们忘了这是在亚洲还是在欧洲。没有买她的面包，也没喝她的饮料。长途旅行者一下车必定是找厕所，俄国人手一指，在百米开外果然有一处稍有遮掩的地方，走过去一看，竟是地上的一个大坑，上面横着两块木板，臭气熏天，无适足之处。一下子似乎又让我们回到了中国农村，而且是30年前荒野的农村。何至如此，真让人费解。

在亚洲的欧洲人城市

夕阳快要西下的时候，到了此行的目的地海参崴。海参崴是中国人对这个城市的旧称，它现时的正名应为符拉迪沃斯托克。该市位于穆拉维约夫阿穆尔斯基半岛南端金角湾沿岸，东、南、西三面濒临日本海，人口70万，是俄国东部最大的海港城市，西伯利亚大铁路的终点。整个城市依山临海而建，逶迤近30公里。在火车站附近向东北眺望，便可见市内房屋层层排列于面向海洋的山坡之上，红瓦绿树相间，金角湾里船舰纷呈，阳光之下熠熠生辉。

海参崴是俄国重要军港，海军太平洋舰队司令部所在地。并无名胜古迹可供游览，海军博物馆则成参观的主要项目。博物馆设在太平洋舰队司令部左侧。太平洋舰队司令部设在一栋造型像火柴盒样的简朴的大楼里，若非正门门楣上的字和门前的海军岗哨，很可能被误认为一般的办公楼。与日后所见圣彼得堡沙俄时旧海军部大楼之雄伟相比差之远甚。该地虽在沙俄时即为俄国所占，但终究天高皇帝远，建设甚少。而且恐沙皇之雄心尚不在此，因该处冬季封冻，需赖破冰船前导，舰船方能出动。而且该地被封日本海之中，除非更向北破冰绕行鄂霍次克海，若欲向南入太平洋，朝鲜半岛与日本之间的对马海峡则是必经之地。而对马海峡则是沙俄海军的伤心之地。因为日俄之战时沙俄海军的波罗的海舰队，由波罗的海长途跋涉而来，在此全军覆没。海军博物馆设在一临海的广场上，拾级而上的山坡上有长达百米的花岗岩浮雕，记述海军的光荣战史。广场上有俄人男女，着旧俄时贵族服装与游人合影，以取小费。博物馆设在一退役之大型潜艇之中。据介绍该艇曾征战全球许多海域，立下累累战功。退役后不忍拆除，索性以艇为馆，纪念俄国海军以及该艇的光辉业绩。我国游客前往，其实感兴趣的只是能得以钻入（艇中有一小室，确需匍匐方能入内）其中，看潜水艇而已。

海参崴因军港而设市，故市内多军事气息，我们所住之旅社门前即沙俄海军上将沙波夫手持望远镜眺望大海之铜像。此君即日俄之战时惨遭败绩之沙俄海军太平洋舰队司令。战后曾被沙皇政府判刑两年，其后郁郁，并死于肠癌。败军之将，不判刑不足以平国人之愤。不过当时太平洋舰队兵力单薄，自非日本对手。虽说战败，没有功劳也有苦劳，塑个像，纪念纪念当然也无不可。市民中多见青壮年男性，估计该市军事机关众多，军人及眷属可能占人口之多数。海参崴系横贯欧亚、连接东西的西伯利亚大铁路的终点，曾见一列车驶入，出站者大多青年男性，衣着划一，信多是省亲归队之军人。

及晚适逢周末，海边路旁灯火通明，小商店与摊贩沿路一字排开，卖些海鲜、食品、百货之类。亦有大型食肆在露天摆开，人们喝酒喧哗。据同行者称，有一种大型海螃蟹（应即是皇帝蟹吧）之蟹脚甚是鲜美，下酒甚好。海滩边广场上伴着高分贝的音乐，男女翩翩起舞，海边树下对对情侣相拥，无论舞场或树下，所见青年男女皆甚高挑，女士衣着十分时尚，当不下巴黎街头所见。据导游告曰：此地多白俄罗斯族人，而白俄罗斯多出美女。海参崴地处东亚，前清时为中国地界，但沙俄占后，尽将中国居民逐出，如今从居民人种来看则已俨然为欧洲城市，华人与亚洲人除如我等旅游者外皆少见。海参崴成了在亚洲的欧洲人城市。

海参崴无名胜古迹可游，据说近年新建了一些海滨疗养院，水疗、泥疗颇有疗效，当然非我等难得抽暇之人的福分了。在彼处游览一日，又吃了点红肠、面包、罗宋汤之类的俄国餐，也就算是到过俄罗斯了。又次日，按原路返回，又是一日辛劳，且不如前日去时之好奇与兴奋。心中只是一念：看来要看俄罗斯，还是得舍近求远，到欧洲去看那里的俄罗斯的。

莫斯科，文化古城与首都

红场与克里姆林宫

这回总算有了机会，随着旅行团到欧洲去看俄罗斯了。从上海浦东机场出发，飞行八小时许便到了莫斯科。也不过相当于上海至乌鲁木齐的往返航程吧。到底是邻居，串个门还是方便的。

莫斯科地处东欧平原的中心，横跨莫斯科河、亚乌扎河两岸。环城公路范围内面积900余平方公里，人口近900万。全市有公园84座，绿化面积占全市的1/3，在北方大城市中颇为难得。飞机到达莫斯科上空便可见郁郁葱葱的一大片。及至降落机场，则觉较为破旧，规模亦较小，似与俄国之大不相匹配。我们被引导至一个专用出口，接受移民官员检查，顺利过关，到底是在首都地方，办事规范。

莫斯科这地方早在公元9世纪前后即开始有人居住。1156年尤里·多尔哥鲁基大公建城，为莫斯科城市之始。15世纪伊凡三世在此建莫斯科大公国，1547年伊凡四世自称沙皇。1721年彼得一世改国号为俄罗斯帝国，并将首都迁至圣彼得堡。十月革命后的1918年苏维埃政府又将首都迁回莫斯科至今。

莫斯科长期作为俄罗斯的首都，有深厚的历史沉淀。可圈可点之处甚多。作为中国游客、尤其是如我等经过"中苏友好"时期的中老年人，对莫斯科红场和克里姆林宫当然是最想一看的。

红场在莫斯科市中心，南北长695米、宽130米，地面全由条石铺成，原是莫斯科的一个集市，1662年起命名为红场，其北为红色的历史博物馆大厦，西侧为克里姆林宫的红色围墙，南为主色调为红色的瓦西里升天大教堂，只东部的古姆百货大楼是灰白色的。到红场列宁墓必定是要看的，列宁墓在红场西侧，由褚红色花岗石与黑色长石建成。入内瞻仰，需先在红场东北角排队等候，及入场，至墓前拾级而下至墓穴，可见列宁遗体安置于水晶棺中。1991年12月苏联解体后，对列宁墓的去留已有争议，不过至今尚无大的举动。然据导游称，以前列宁墓的卫兵岗哨称为"国家第一岗"，如今则称克里姆林宫北墙外的无名烈士墓旁的岗哨为第一岗了，重民众重于重领袖，应该也是一种进步吧。列宁墓后与克里姆林宫东墙之间尚有斯大林、勃烈日涅夫等前苏联政要及苏联第一位宇航员加加宁的墓碑。历史博物馆前有前苏联元帅朱可夫的骑马铜像。像下有座椅数把，见有两人扮着列宁与朱可夫坐着闲聊，大约是聊些红肠、面包之类的生活琐事吧，他们是与人合影收取小费谋生之人。红场南侧

红场的北侧历史博物馆与朱可夫像

有一座许多人曾在风景挂历上见过的瓦西里升天大教堂。始建于1555年,由九座小教堂组成,故有九个大小、花纹、颜色不同的洋葱头状的尖顶,有"全俄最美的教堂"之称。

红场的西北有亚历山大花园,园中有四马喷泉等许多精美的雕塑,为市民休闲之所。

克里姆林宫在红场西侧,是俄国历代帝王的宫殿。始建于1165年,十月革命后,1918年3月苏维埃政府迁入办公。克里姆林宫占地28万平方米,四周为红色宫墙及护城河。宫墙周长2 250米,有4座城门和大小20座塔楼。克里姆林宫今仍为俄罗斯联邦政府办公之所,但其中部分开放供人参观。克里姆林宫内有多所宫殿及教堂:圣母升天大教堂耸立其中,为历代帝王加冕之所。在十二使徒教堂下有"炮王",铸于1586年,重40吨,炮口直径89厘米,宽可容三人,炮弹每个重两吨,炮座正面雕有雄狮,安装于炮车上,炮车雕刻精美,已成艺术文物。此炮虽为保卫克里姆林宫而造,但并未使用过。炮王附近又放置有大炮数十尊,皆系缴获自拿破仑军队的战利品。炮王不远处又有"钟王",重200吨,铸于1733年,其上铸有沙皇阿列克谢及皇后安娜之像及众多的神像,唯在一次大火中崩裂一块,殊为可惜。由于此钟实在太重,不能悬挂于任何钟楼,故铸成至今并未敲响过。

克里姆林宫的炮王

莫斯科大学、胜利广场与新圣女公墓

莫斯科大学在20世纪的50年代，曾是中国知识分子理想中的学术圣殿。也确实曾为中国培养了一批科技人才。其时我们都知道莫斯科大学在莫斯科郊外的列宁山上。此次前往，方知所在之山名麻雀山。不过并不因山名之小，而影响对该大学的崇敬之心。所谓"山不在高，有仙则灵"嘛。莫斯科大学创建于1755年，据称系俄国大化学家罗蒙洛索夫所创立。原在莫斯科市内，1953年迁此新址。莫斯科大学有17个系，在校生3万多人，是世界著名大学之一。大学教学楼有房3万多间，是一栋典型斯大林时代的建筑，中部高耸，塔楼上有尖顶，尖顶上有红星，裙楼两侧对称，呈众星捧月之状。楼前有大片花圃，再前有观景台，可观莫斯科市容。是日虽逢阴雨，仍是游人如织，并有情侣来此借景拍婚纱照，一如我国之婚俗。下得山来有一片森林，导游介绍：名曲《莫斯科郊外的晚上》故事即发生于此云云。

史学家称沙俄为军事封建帝国，确实沙俄时代的诸多争战，无不是以扩张为目的，而且主要是为寻找出海口，与瑞典之争波罗的海的出海口而战；与土耳其为争黑海的出海口而战；与日本的战争则是为染指我国的旅顺口。但也有两次大型的卫国战争，一是抗击拿破仑的战争，一是二战中抗击希特勒的卫国战争。这两次战争战况惨烈，但都以俄罗斯的胜利而告终。为纪念抗击拿破仑战争的胜利，莫斯科的库图佐夫大街上建有凯旋门，其制式如古罗马的康斯坦丁凯旋门，高28米，顶部为驭六架马车的双翅胜利女神像。由黑白两色大理石砌成，不过黑色偏多，致不起眼。然而在凯旋门附近却有一胜利广场，气势宏大。1955年5月为纪念二战中战胜德国法西斯50周年而建。广场中央有高达141.8米之胜利女神纪念碑，象征卫国战争共经历了1418天。碑体呈三棱形，上刻有12城市抗敌战争场面，100米处则雕有手持胜利桂冠的女神像，两侧各有一个吹着胜利号角的小天使。碑下则是常胜勇士格奥尔基手持长矛刺杀毒蛇之雕像。纪念碑后则是卫国战争博物馆。胜利带来安宁，广场上老人阅报、儿童游戏，一派祥和幸福之景象。

有人戏称洋人到中国旅游，不是叫人家看庙就是叫人家看墓。庙多在名山大川之处，看庙之意"在乎山水之间也"。中国的贵人死后要厚葬，皇陵自然值得一看了。中国人到欧洲去不也是去看他们的庙吗，而且西谚曰："一个教堂就是一个博物馆"是不错的。不过中国人到外国去是不看他们的墓的，一是他们的公墓都是一排排的十字架，没有看头。二是除了大名人，如列宁的墓，是去瞻仰的，其它的就免了吧。可是如果你去莫斯科可别忘了去新圣女公墓。公墓在莫斯科河畔的一个古老的修道院中，创建于1524年，是俄罗斯上层社会人士的葬身之所。凡举你说得出的一些俄罗斯科学、文艺界的名人大多能寻觅得到。最值得看的是他们各具个性的墓碑与雕刻。比如图波烈夫的墓碑除了他的头像浮雕外便是他设计的"图什么"的飞机。乌兰洛娃的墓碑便雕了一个芭蕾舞演员。一个墓碑是一位男士手捧一个赤裸的新生儿，趋近一看原来是一位著名的产科医生的墓。同行者俱称：值得一看。

图波烈夫的墓碑

圣彼得堡，三易其名的城市

北方威尼斯与俄罗斯巴士底狱

晚间从莫斯科乘火车去圣彼得堡。火车为我国以前通用的那种"蓝皮火车"。硬卧，而且"硬"得很，原来是卧在一个铁箱子上，列车员关照将衣物放入箱中，以保安全。不过"列车神偷"仍有妙法窃你财物。幸而我们一行未被相中，一夜无话，天亮便到了圣彼得堡。圣彼得堡在涅瓦河入海之处，波罗的海芬兰湾的东岸。面积600平方公里，人口540万。为旧俄首都，俄罗斯第二大城。圣彼得堡始建于1703年，初时是彼得大帝为防御瑞典从海上的进攻而建的一座要塞。其后彼得大帝亲自规划，决心在此处海滩沼泽地上建起一座足以与欧洲各大名城媲美的新城，为此聘请了法国、意大利、英国等国著名的设计师，动用了数十万瑞典战俘、农奴在冰天雪地之下，花了几十年工夫终于建成了这座世界名城。1712年彼得大帝将首都从莫斯科迁此。彼得大帝迁都于此，将首都设于沿海城市，标志着俄国从内陆国演变为海洋国家，有放眼全球的雄图大略。圣彼得堡建于海滩沼泽之上，境内河道纵横，将全城分割为42个岛屿，各岛之间由300多座桥梁联结，故有"北方威尼斯"之称。圣彼得堡曾为沙俄首都200余年，建筑之精美无与伦比。

圣彼得堡市中心涅瓦河右岸的兔子岛上的彼得堡要塞，系1703年彼得大帝奠基建造，先于圣彼得堡市。古堡由巨石建成，墙高12米，厚2.4至4米。作为军事要塞此处并无战功。倒是建成后不久，便被用作监狱，而第一个被监禁于此并被绞杀于此的不是别人，却是彼得大帝自己的儿子阿列克谢，宫闱斗争，中外概莫能免。其后一直到十月革命前这里一直作为囚禁政治犯之用，车尔尼雪夫斯基、高尔基等皆曾被囚于此。列宁的一位兄长亦在此遇害。故此处亦有"俄罗斯巴士底狱"之称。此处固是血腥之地，但其中的圣彼得堡大教堂却装潢精美，是历代沙皇及罗曼诺夫家族的墓地。彼得大帝即葬于此。十月革命后被苏维埃行刑队枪杀的末代沙皇一家的遗骨，亦已由俄罗斯总统普京归葬此地，真是应了"三十年河西，三十年河东"的古话。

普希金作诗赞美的青铜骑士像

在圣彼得堡众多的教堂中，涅瓦河左岸的圣伊萨大教堂规模宏大，被称为世界四大教堂之一。圣依萨教堂始建于1818年，历40年方始建成，整个建筑可容12 000千人礼拜。教堂四周巨大的褚红色花岗岩石柱，每根重达120吨。建筑物上方有代表信念、睿智、力量、平等的神话人物雕像。门前的伊萨广场上有沙皇尼古拉一世的骑马青铜像。圣依萨教堂之后则为繁花似锦的十二月党人广场。圣彼得堡在地理位置上已进入北极圈范围，我们访问时亦已是深秋时节，花草能养护至如此，确实不易。

圣彼得堡的另一著名大教堂为涅瓦大街上的喀山大教堂。喀山大教堂为供奉喀山圣母像，建于1818年。与俄国众多的东正教洋葱头式教堂不同，却是一座罗马式教堂。正门两侧有古典式弧形圆柱长廊包绕教堂门前广场。广场上有喷泉，以及库图佐夫与巴克莱德·托利的雕像。二位都是俄军统帅，库图佐夫是战胜拿破仑的英雄，被誉为战神。库图佐夫即葬于喀山大教堂中。

欧美国家城市中铜像十分普遍，所塑者当然以帝王将相为多，俄国亦然。竖铜像于街头，自是让人瞻仰之用。圣彼得堡在十二月党人广场与涅瓦河之间有一特立独行的大型雕像。是女皇叶卡捷琳娜二世特意聘请法国著名雕塑家法尔科内为彼得大帝所作的雕像。彼得大帝骑在马上，两眼凝视前方，右手扬起，充满自豪之感。马跃起，两前蹄腾空，而马尾扫着被踏于足下代表着敌人的毒蛇，恰好形成稳定的三角支点。铜像安置在一个整块的巨石上。此即著名的青铜骑士像，普希金曾著叙事诗《青铜骑士》赞美之，更增添了此像在人们心中的地位。

冬宫、夏宫及普希金村

除了教堂之外，圣彼得堡曾长期作为沙皇俄国的国都，皇宫自然值得看。不过看冬宫之前还是先去看一看那个"一声炮响，给中国送来马列主义"的阿芙乐尔巡洋舰。阿芙乐尔巡洋舰建于1900年，长124米，宽16.8米，舰载大炮9门。1904年为支援日俄之战，曾赶赴远东战场，是波罗的海舰队覆没时少数得以脱逃的军舰之一。1916年该舰在船厂修理，受布尔什维克党的影响，全舰官兵起义。列宁登舰，发布《告俄国公民书》，其后阿芙乐尔舰向临时政府所在地的冬宫发了一炮，拉开了十月革命的序幕。二战中迫于军情危急，自沉该舰。战后打捞修复作为海军博物馆，固定停泊于冬宫附近的涅瓦河畔，任人参观。参观冬宫时曾询导游该舰之炮击中冬宫何处时，据导游称，其实是一声空炮。导游系一华裔人士，述及此事时还特别强调了这个"空"字，自有言外之意。其实我想，当时未必并无炮弹可打，也许只是想发一信号罢了。

冬宫在涅瓦河东岸的宫殿广场北端，是沙皇皇宫，十月革命时是临

给中国送来马列主义的阿芙乐尔号巡洋舰

时政府所在地。由意大利著名建筑师拉斯特雷利设计,初建于1754年,后毁于大火,1838年重建,二战期间曾遭严重破坏,战后修复。冬宫为三层楼的巴洛克式建筑,占地9万平方米,有厅堂1 057间。其外墙作浅绿色,间以白色的列柱与金色的柱饰,与涅瓦河碧波相映,甚为优美。冬宫之正门开于宫殿广场,为三道拱形铁门,门前有巨神群像,宫内各厅堂金碧辉煌,乔治大厅设有沙皇御座,应即是金銮殿了。

　　18世纪叶卡捷琳娜二世在位时,曾斥巨资收罗各国珍宝、名画,并建艾尔米塔什(法语"隐蔽之地"之意,其时俄国贵族崇尚法国上流社会的奢华生活,并喜用法语)收藏之。十月革命后,1922年成立国立艾尔米塔什博物馆,冬宫成为其中一部分。其后并改建和增建了小艾尔米塔什、老艾尔米塔什及新艾尔米塔什,与冬宫合称艾尔米塔什博物馆,其内有连廊相接而成一体。不过我国游人仍只以"冬宫"称之。冬宫馆藏极为丰富,在400多个展厅中珍藏着270多万件艺术品,仅绘画就有15 000千多幅,包括达芬奇、提香、拉斐尔、鲁本斯等的名作。足与大英博物馆、法国罗浮宫博物馆相媲美。

　　既有冬宫则必有夏宫,夏宫在圣彼得堡郊外29公里处,地处芬兰湾南岸,正式名称为彼得宫。彼得大帝为纪念对瑞典的北方战争的胜利而建于1710年,占地800万平方米,为历代沙皇的郊外别墅,有"俄罗斯凡尔赛宫"之称。夏宫分上花园、下花园两部分。夏宫中的主要建筑有大宫殿、玛尔丽宫、茅舍宫等。其中最令人印象深刻的当数喷泉与镀金雕像。大宫殿前的大瀑布群从七层台阶上奔流而下,有37座金色大雕像、150个小雕像、29座浮雕、喷泉64眼,其中最大的是大力神参孙掰开狮子口的一眼,泉水从狮子口中喷出,水柱高达22米。狮子是瑞典的象征,彼得大帝采用此雕塑喷泉其意自明。下花园东部有一蒙普拉伊宫,只一层,为彼得大帝亲自设计,并最爱在此宫平台上眺望大海,可见彼得大帝之雄心。

　　诸君如去圣彼得堡游览,请注意:在圣彼得堡另有一处名为"圣彼得堡夏花园"的去处,是圣彼得堡最早的花园。园内有一座双层建筑,装饰豪华,彼得大帝与其妻叶卡捷琳娜一世每年来此度夏,故此楼亦称"彼得大帝夏宫"。1934年以后辟为民俗博物馆。当与上述夏宫或彼得宫有别。

　　另一处值得一提的是沙皇村或称叶卡捷琳娜花园,在圣彼得堡南24公里处。为建于18世纪的典型的巴洛克式皇家花园行宫。曾为叶卡捷琳娜一世、伊丽莎白女皇、叶卡捷琳娜二世等最喜爱的郊外别墅。俄罗斯伟大诗人普希金曾于皇村中学读书,其后他的许多创作灵感皆来源于此,如曾作《沙皇村回忆》等名篇记述其时、其地之事。故为纪念这位"俄国文学之父",现已更名为普希金村,入门不远之处即可见诗人斜坐在椅上之铜像,俄人善雕塑,所塑之像无不栩栩如生,此处之像将诗人之高贵气质与放荡不羁形象刻划得入木三分。

普希金村中的普希金像

　　另一与普希金相关的纪念建筑是涅夫斯基大道上的普希金戏院,又称亚历山大戏院。戏院前方的小公园内建有叶卡捷琳娜大帝的全身雕像,像下基部则是大帝主政时朝中重要大臣之群像。中国梨园界奉唐明皇为鼻祖,未曾听说俄国戏剧界有奉叶卡捷琳娜之说。选择此处竖像未必与戏院有关。

　　圣彼得堡的"圣"字原于拉丁文,神圣之意。"彼得"在希腊语中意为石头,圣徒彼得为耶稣的大弟子又与彼得大帝之名相合,而"堡"为德语"城市"之意,故圣彼得堡之名含意颇丰。"格勒"为俄语"城市"之意,十月革命后改称彼得格勒,列宁逝世后,为纪念列宁,又改称列宁格勒。苏联解体后俄罗斯人旧俄情结复萌,又恢复圣彼得堡旧名。城市更名本不足道,圣彼得堡三易其名却含意深刻。

　　俄罗斯是一个伟大的民族,俄罗斯的明天必定会更加美好。

捷克

欧洲腹地中的捷克

去捷克浮光掠影地看了一下,因为是浮光掠影,印象不深,又恐日久渐忘,所以便想写点记录,而这个国家也确实值得记录。于是便先得想个题目来写。捷克的西南部有世界著名的温泉疗养地,但捷克人并不是每天都在那儿泡着;该国的水晶工艺闻名遐迩,但捷克人不只精于这些手工艺品,他们的蒸汽机车历史悠久;捷克出了大音乐家德沃夏克,哈谢克写了《好兵帅克》、卡夫卡写出了《审判》……但捷克人不仅长于文学艺术,捷克有反抗教廷精神统治的民族英雄胡斯,上个世纪50年代还有"布拉格之春"的思想解放运动。捷克是多面的、立体的、丰富的。捷克在欧洲的中心,文学家喜欢把中心与心脏相提并论,而心脏则又意味着是主宰其他器官的器官,我国中医即认为"心为君主之官"。捷克不是欧洲的大国、强国,更不想主宰他人。正像镌刻在布拉格民族剧院门楣上的格言"民族,自己靠自己"一样,捷克人只想靠自己的力量建设他们自己的国家,过他们自己的生活。想来想去只好把题目定为"欧洲腹地中的捷克"了。捷克在欧洲大陆的中心部位是事实,但它不是欧洲的心脏。其实心脏也并不在人体的中心,人体的中心部位应指上腹部的肝和胃。肝和胃从不碍着谁,只是默默地消化、吸收营养供人之需。

秋天里我们来到了布拉格

来到古城看古钟

捷克与我国之间尚无直航班机。9月上旬,正当上海气温刚从酷暑中舒缓过来之时,我们一行先到了俄罗斯,公务既毕,从圣彼得堡乘法航班机飞往布拉格,航程约两小时半,来到了大家都感陌生的布拉格。原先以为此地在俄国南面许多,应该比俄国气温要高,孰料不然,在俄国的"行头"全部用了,仍有寒意。原来此地在欧洲内陆,已是深秋时节。

布拉格是捷克共和国的首都。布拉格,当地居民称之为"布拉哈",是德语"门槛"的意思。因为伏尔塔瓦河流经此处的一个暗礁,水流湍急,好似跨过一个门槛。请注意,捷克人是讲捷克语的,但连首都的名称都用了德语,可见德国文化对捷克影响之深。布拉格位于捷克西部的波希米亚地区,适处欧洲大陆的中心。面积496平方公里,人口120万,伏尔塔瓦河如一条玉带,蜿蜒穿城而过,河上有古典的、现代的各式桥梁十余座将两岸融为一体。布拉格始建于公元928年,1230年成为捷克王朝的第一个首都,在13至15世纪时曾是欧洲重要的经济、文化中心。布拉格也是欧洲美丽的古城之一,分为老城区、新城区、城堡区及小城区四个区。我们下榻于老城区的一家宾馆,虽说是老城区,但在主要街道上,除了叮当而过的有轨电车略见古老之外,与欧洲其它城市并无二致。但无数的小街窄巷却告诉你这个城市的古老。市政厅广场在老城区的中心,四周多哥特式建筑,有的甚至是建于13世纪的,至今已有七八百年历史。广场之南侧为百利恒教堂,捷克的民族英雄胡斯即是该教堂的神父。广场东南的卡罗利努姆是查理大学最古老的建筑。游人到此,几乎无一例外都是来看钟的。

布拉格古钟又称天文钟,安放于老市政厅的钟楼上,钟楼不高,而且钟是安置在钟楼的北墙面上的,所以看钟无需登楼,只要在广场的西北部面南而视,即清晰可见。古钟建造于1410年,至今已近600年。古钟不仅是计时工具,亦是一件大型艺术品。钟面由上下两个蓝色镀金圆盘组成,上盘为钟的主体,外圈标有昼夜24小时的刻度,内圈显示太阳此时所处的星座,下盘为月历,并有捷克大画家玛内斯所绘之12幅代表农时变化之图形。但令游客感兴趣的是:钟之两旁共有八个木偶,每当正点之时,钟旁边有骷髅拉动钟绳,随即钟声响起,其时土耳其人摇动

老市政厅广场的天文钟

身体,吝啬鬼晃动钱袋,然后耶稣圣像出现,同时钟楼上两扇小窗打开,十二圣徒也轮流出现,最后公鸡啼鸣宣告结束。整个过程也就三五分钟而已,真可谓令人目不暇接。

市政厅广场上西侧一排几乎全是酒店,与欧洲其他地方一样,人们喜欢临街饮食,当然有的也只是要杯啤酒,便坐而论道,他们也真有耐心,一坐坐上几个钟点也是常事。在古钟一侧的建筑,应即是旧市政厅吧,尚留有一面破墙,是二战的战争遗迹。看来并非为"保留残迹教育后人"之用。因为颓垣的墙面已被涂上粉红颜色,以使其与一侧的商店门面颜色一致。这使我颇为费解,谅不至于是重砌一面墙的资金不足,也不可能是捷克人做事太不认真。可能的解释恐是体现了他们一种平和的心态,或是出于对旧建筑保护的习惯,我想。

老城区原有13座城门,如今多已湮没于历史的长河之中,唯有一名为"火药门楼"的尚存,石质结构,虽因年代久远,通体已呈黑色,但雕刻精美，风韵犹存。其附近有一剧场，门厅窄小，可能因为不在演出时间，光线亦显晦暗，导游告知：此即当年"布拉格之春"演出之所。"布拉格之春"代表着捷克人当年反抗前苏联的思想解放运动，令人肃然起敬。

小城区多为弯曲的小街。有一条银匠街，皆是些低矮的小屋，是过去银匠们的住所。其中一间称为"卡夫卡故居"的，宽不盈丈、高则伸手可及其顶。据称卡夫卡曾蛰居此处两年、潜心写作。卡夫卡出生于布拉格，求学于布拉格大学，代表作有长篇小说《美国》、《审判》等。其作品常以荒诞的手法，表现被充满敌意的环境包围中孤立、绝望的人。《审判》写一个银行的小职员莫名其妙地被捕，又莫名其妙地被审判、被杀害的荒诞事件。"故居"实在只是暂居之所而已，现为一小书店，出售卡夫卡的著作。游人慕名而来，店小街窄，显得甚是拥挤。小城区的许多小酒店甚至还沿袭着15世纪时的模样，踯躅其间，遥想当年诗人、学者、音乐家在这些小酒店中聚会，或高谈阔论，或对酒沉思，则有隔世之感。

古老的教堂，古老的桥

布拉格的城堡区以圣维特大教堂为核心，圣维特大教堂高大壮观，主楼高达97米。14世纪时波希米亚王朝的瓦茨拉夫四世在此加冕，其后多位国王亦在此行加冕礼。大教堂同时也是波希米亚历代帝王的墓地和皇冠、权杖的保存之地。14世纪查理四世的皇冠用2.5千克黄金（戴在头上压力甚大）、91块宝石和20颗珍珠制成，为捷克的国宝，也保存其中，成为镇堂之宝。圣维特大教堂始建于公元1344年，边建边用，至1929年方告最终建成，历时近600年之久。

布拉格城堡除圣维特大教堂之外的建筑皆系始建于9世纪的波西米亚皇室的官邸。其中重要的有建于15世纪的加冕大厅、安娜女皇娱乐厅等。1918年捷克斯洛伐克共和国成立，总统府亦设于城堡之中，1993年斯洛伐克与捷克分治，捷克共和国总统府仍设于其中。如今除总统府外，皆可供人参观。不过其时的波希米亚公国终非俄罗斯、法兰西可比，故城堡中这些皇室官邸自然亦较小和简单些。登临城堡可以眺望布拉格全城，布拉格城内多哥特式建筑，故多有塔楼。登高眺望塔影幢幢，故布拉格有"百塔之城"之誉。又因许多塔顶用金属包裹，阳光之下熠熠生辉，"金色布拉格"之说由此而生。

前文说到横跨伏尔塔瓦河上的桥，诸桥之中以查理大桥最负盛名。查理大桥由查理四世于1357年建造并命名，至今已近700年，为捷克最古老的石桥。桥长520米、宽10米，有桥墩16座，桥面由砖石砌成。桥之两端建有哥特式门楼，东侧一座，西侧两座。桥之石栏上两边各有15座雕像，或女神或武士，或人面兽身或兽首人身，多为17、18世纪艺术大师之作品，无不栩栩如生。不过终究已历数百年之风雨，多数已呈黑色，并多斑驳。桥面砖石想必已经过多次修缮，但终究难耐风吹雨打，如今仍是坑坑洼洼。一日傍晚，先在桥东绘得桥头堡写生画一幅，再自东而西逶迤而过桥，边走边看桥栏之雕像，深感岁月之沧桑。

到捷克当然不会忘记它的工艺品，布拉格市政厅广场附近的一条小街的两旁尽是此类店铺，选了一家有两层楼的大店，进得其中方知"琳琅满目"、"目不暇接"等词大约即出自此处。同行诸君大多选些花瓶、摆件之类。据同行女士们称："比在上海东方商厦买便宜多了"。岂止是工艺品，衣服鞋帽亦是做工精细，价格相对低廉，让同行的几位女士频频"刷卡"，被戏称为"跑单帮"（沪语，指自行采购，随身携带，自甲地至乙地销售的小贩）。

塔博尔与比尔森

自布拉格南行88公里有一名塔博尔的捷克古城，是当年胡斯革命运动的根据地。前文曾说过胡斯是布拉格博利恒教堂的神父，由于他的学问和威望并一度兼任布拉格大学校长。胡斯是捷克著名的爱国者，由于不满罗马教皇对捷克教会的控制，力主宗教改革，1415年被教廷以叛教的罪名处死，因此引起了社会的振荡不安，1419年终于在布拉格爆发了拥护胡斯主张的起义，史称胡斯革命运动。起义者在杨·日什卡的统帅下，且战且退到达了塔博尔。塔博尔依山面水，卢尼河在西、南两面环绕，形势险要。日什卡决定在此筑城固守，称塔博尔城，塔博尔一词即"集合地"之意。日什卡领导起义者在此边建设、边抵抗，与罗马教皇的十字军进行了长期的艰苦卓绝的斗争。

有趣的是，在长期的斗争中，起义者们集体从事生产劳动，将产品全部交公保管，各人再从那里领取分配的食物及生活用品，有人说这便是欧洲最早的共产主义雏形社会。不过我觉得这只是战时的配给制而已，怕是算不上共产主义的吧。

日什卡领导的胡斯革命运动在塔博尔坚持了18年之久，日什卡与大部分战士光荣战死，起义归于失败。但捷克人民英勇斗争的精神不死，

塔尔博的民族英雄日什卡雕像

塔博尔成为捷克人民心中的英雄城。

塔博尔城内古建筑大多保存完好，有建于15世纪的贝琴斯卡门、建于16世纪的哥特式的市政厅，在市政厅广场右侧有胡斯革命纪念博物馆，藏有起义者缴获教皇军队的旗帜、战车、武器等400余件。博物馆地下及附近有地道网，地道分上下两层，并有迷惑敌人的通道，即使敌军进入，亦难得逞。据称地道网总长达15公里之多，是为当年抗敌斗争而开挖。看来"地道战"并非我国人民首创。广场上有身佩长剑的日什卡塑像，气宇轩昂，令人崇敬。故曾在此处作写生画一幅以为纪念。画毕，于就近处餐馆用餐，餐馆老板得知我们从中国来，颇感兴趣，打听甚多。大约此地中国游客尚少之故。

比尔森市是西捷克州的首府，著名的工业城市和啤酒之乡。在布拉格西南约100公里处。13世纪建城，14至15世纪时已发展成捷克手工业重镇。1859年在此建立了斯科达工厂，1876年开始生产蒸汽机，举世闻名。两次世界大战中这里都是重要的兵工中心。二战之后，许多生产设备被苏联运走。捷克尽管在东欧国家中工业还算比较发达，但在科技迅猛发展之时，终究没有多少发展，军事工业当然更不可能有所建树。不过，比尔森的啤酒生产则仍然十分兴旺。相传当比尔森建城初期，捷克国王瓦茨拉夫便"给政策"，让比尔森城垄断捷克的啤酒生产。到15世纪时比尔森啤酒已名闻全国，至19世纪时更畅销欧美，如今更是已经营销全球了。据说上海也有在比尔森生产的"百威"啤酒供应。喝酒不利健康，但总比打仗好。因此，很是赞成比尔森不造军火，专产啤酒。比尔森啤酒厂设有啤酒博物馆供人参观，游客可参观其生产过程，并可品尝其酒，当然是小杯的。要多也行，车载斗量都行，存货有的是。据介绍该厂的地下酒窖深17米，长达9公里，贮酒7 000桶。我们一行因行程紧凑，对于酒的兴趣也不大，品酒、拍照之后便拜拜了。

温泉疗养地引来众多名流贵胄

捷克的西部与德国接壤，捷克林山脉的东麓多温泉。此地的温泉开发颇早，传说公元15世纪时捷克国王查理四世到此狩猎，曾射中一头小鹿，小鹿带伤跃入一泉，泉生白烟，片刻小鹿跃出，居然已经伤愈，迅即逃逸。国王大奇，命人调查，果然证明泉水能治病。于是便将此地命名为卡罗维法利。即"查理温泉"之意。如今在卡罗维法利的爱情山公园内便有一小鹿跳跃状的雕塑，以附会其事。而卡罗维法利亦以此形象作为城徽。

  该地区与卡罗威法利齐名的温泉疗养地尚有：弗朗齐歇克矿泉村与玛丽亚温泉市，三地呈三足鼎立之势，开发之历史与规模相似，并不因名"村"或"市"而有倚重。弗朗齐歇克矿泉村得名于奥地利皇帝弗朗兹一世，因其曾在此地疗养。弗朗齐歇克有温泉24处，水中多含二氧化碳、铁质及芒硝等。此地又有丰富的矿泉泥，可作泥浴疗病。玛丽亚温泉市有42眼温泉，各泉温度与成分不同，疗病的功效也不相同。凡消化系统、呼吸系统、神经系统的疾病皆可在此辨证施治。该地之泉水可饮，我们一行也各饮一小杯据说有益胃肠的泉水，口感平常，我们也都无肠胃之疾，是否真能有益胃肠也就不得而知了。玛丽亚温泉市风景极其优美。区内房屋虽多建于19世纪后期，但至今保养如新，外墙多作白色、米黄或淡绿之色，极为柔和。绿树成荫，芳草萋萋。我们到访之日又逢蒙蒙细雨，更显清雅，置身其中真有"如临仙境"之感。无怪乎此地有"捷克花园中之花园"或"欧洲最美的疗养地"之称。此说可以众多的名人留下的足迹为证：歌德在此度过了他的晚年，其住所现已辟为歌德博物馆；高尔基亦曾在此居住，其住所现名为高尔基公寓，还有一大型长廊亦称高尔基柱廊；肖邦亦曾居住此地，其住所现已作为肖邦故居而受特别保护；此外，托尔斯泰、果戈理、易卜生等亦都曾到此游览或疗养。遗憾的是我们预先在卡罗维法利预订了宾馆，未在此住宿，因而有行色匆匆、未能尽兴之感。

  自玛丽亚温泉市至卡罗维法利，车行约一小时许。卡罗维法利距布拉格约120公里，坐落于两山之中的谷地，特普拉河穿城而过，河面窄、河水清。两岸哥特式楼宇依山傍水而建，步行在小街之上，时而有装饰豪华的马车叮当而过。道路两旁遍是酒楼食肆，人们在此无所事事，尽情享受大自然的恩赐。卡罗维法利的温泉虽然只有12眼，但流量很大，据说每分钟出水2 000多升，弗热德洛温泉甚至喷出高达11米的水柱，虽然如今已经建屋保护，但数百米外即可见热气蒸腾。泉水中含大量矿物质，可饮可浴。数百年来大量名人贵胄到此休闲疗养，国人较为熟悉的就有贝多芬、肖邦、歌德、席勒、普希金、果戈理、屠格涅夫等等。马克思曾来过此地，据说《资本论》的后半部便在此构思而成。俄皇彼得大帝亦曾到此疗病。此处地处捷、德边界，德国人过来自然容易，然而俄国人对此亦情有独钟。彼德大帝都来过，无怪乎自前苏联解体之后，大量俄罗斯新贵涌入此处，他们不只是来休闲度假，更不是如我等走马看花，而是来"炒房子"的，据说此处之楼宇半数已入俄人之手。

既然到了温泉疗养胜地，当然温泉也得泡一泡。好在各家旅店皆有引自温泉的水浴，晚餐之后大家便更衣入浴，泡了一会，也实在没有多少感觉，应了故事，也就罢了。

我国民众对卡罗维法利，这个读来颇不顺口的地方，大多并不知晓，或有似曾耳闻的，恐也只是些影迷而已。卡罗维法利自1952年以来，每两年一次举办国际电影节。是世界五大电影节之一。1988年我国电影《芙蓉镇》在此获最高奖：水晶地球仪奖。

小城与天堂

捷克南部与奥地利接壤。舒马瓦山北麓，有些中古时期的小城亦颇值一看，其中以克鲁姆洛夫与布杰约维采为最。欧洲古城大多以市政厅广场为中心，广场中一般都树有当地先贤的雕像或雕有小天使的泉台。克鲁姆洛夫的市政厅广场以方型小石块铺就，即上海人所称的"台格路"，既不积水又不扬尘，而且经久耐用。广场上少许白鸽啄食，三五辆汽车静静地停着。上午温和的阳光下，长椅上祖母级的老奶奶不时给些面包屑喂着鸽子，脚下还有一条躺着的小狗，大约是从市场上买了些食品，在此歇歇脚吧。下午老头们出动了，他们年复一年地坐在广场边小酒店门前，用一杯啤酒消磨时光。及晚，小酒店里又是一番景象，中年的汉子们出现了，他们光着刺了青的手臂，大杯大杯地喝着啤酒，大声欢笑着，

小镇布杰约维采的黄昏

一洗整日的辛劳。他们要喝到很晚才会带着醉意回家。别看他们这样放荡不羁，但他们并不闹事，没有看到警察，也没有保安，更没有街道联防队。这些小城的治安极好，管着他们的是上帝。

布杰约维采自然风光更好，小河在山脚下潺潺流过，水清见底、游鱼可数。山上多有古堡和教堂，山下民居多用红砖砌成，掩映在绿树丛中，极为优美。而其建筑亦皆属哥特式，蓝天白云之下，塔影参差，令人心旷神怡。小城中的房屋大多有上百年的历史，但居民们安居若泰，窗台上的鲜花依然绽放出无限生机。没有脚手架，没有新建筑。他们守着老祖宗留下的产业，过着与世无争的生活。

若说这些地方便是"天堂"，并不尽然，这些小城也许可以算是老年人的天堂，面包、色拉、啤酒加上宁静的生活，老年人容易满足，青年人就不然了，尤其是多受了些教育的年轻人，他们向往更丰富的生活，希望自己的个性和才华能得到更多的发展，这也许便是在这些小城里较少见到青年人的缘故。捷克当代著名作家米兰·昆德拉写了《生命中不能承受之轻》的名著，书中说到：当现代人感到生命的重压之时，他可曾想到如果一个人生活在没有理想、没有追求的生命中，他丢失的却是生命的本身。小城的青年未必都读了昆德拉先生的书，但捷克的民族性便是自强不息，所以他们都到外面发展去了。其实不仅是捷克，世界各国大多如此，也正因为如此，世界才会进步啊。

在捷克倒还真有个叫做"波西米亚天堂"的地方。波西米亚是捷克的古称，如今正式的名称是"捷克天堂风景保护区"了。这地方在北捷克州图尔诺夫城以南，范围约125平方公里。此地奇峰怪石如林，但这个石林却与我国云南的石林不同，大多矣！实质上是一种岩石地貌，巨大的岩石拔地而起，而顶部则多平缓，因此众多的古堡便建在岩上，古堡四周自然天成悬岩峭壁之状。而岩石四周、两岩之间则绿树成荫。以岩石成景，尽显雄浑之美。著名的古堡有建于１４世纪的特罗斯基古堡、沃伦史泰因城堡、赫鲁帕斯卡尔城堡等。这些城堡虽然建在岩石上，但都可有汽车通达。唯有称兄弟城堡者则分别建在两个相距千米高耸的岩石上，远望过去犹如两座烽火台。古人如何能登顶建造，令人难解。不过远望过去已见颓败，恐不易登顶维护亦是原因之一。所谓"天堂"云尔，即高地也，并非社会学中天堂的含意。

匈牙利

匈牙利，东方游牧民族的后裔

匈牙利是一个地处欧洲中部、多瑙河盆地上的美丽的国家。与奥地利、斯洛伐克、乌克兰、罗马尼亚、塞尔维亚、黑山、克罗地亚、斯洛文尼亚等国接壤。多瑙河及蒂萨河流经其境，气候属温带大陆性气候。面积93 036平方公里，人口1 017万，88%为匈牙利族人，其他少数民族有吉卜赛人、德意志人、斯洛伐克人等。2004年5月加入"欧盟"，为欧洲中等发展国家，该国旅游资源丰富，游览业发展居世界前列。

康有为说匈牙利是我们的"亲戚民族"

匈牙利共和国简称匈牙利，不过其国名按匈牙利语音译应为"马扎尔"，我国用"匈牙利"，应是英语Hungary的音译。把Hun音译为"匈"，本无深意，但常令国人想到他们与古代匈奴人的关系。当年康有为游历到匈牙利，便称他们是我们的"亲戚民族"。匈牙利人一般称他们是从顿河流域西迁的马扎尔人，自认与北欧的芬兰人同宗。至于顿河流域的马扎尔人又从何来？由于古代的匈牙利人没有文字记载，就不了然了。但据我国《后汉书》记载东汉时窦固奉命率兵攻击漠北地区的北匈奴，大胜，其后鲜卑及当时西域的一些民族，皆曾攻击北匈奴，以致北匈奴人在单于的率领下"远引而去",向西进发了,时为公元91年,此后我国史书上就不再记载他们的踪迹了。在欧洲的历史上,约在4世纪开始,有顿河流域来自东方游牧民族的记载,称之为"蛮族",所记亦甚简略,相信他们即是北匈奴人的后裔,至少,在民族的迁移融合中部分包括了北匈奴人的后裔,应是不错的。这在他们一些古老的民间传说中亦有许多佐证,如他们的祖先称为"门罗"(匈奴?),原先生活在中亚波斯北部地区,后因人口繁衍,才逐步西迁等,恰与有限的史料记载吻合。至9世纪末他们越过喀尔巴阡山到达今天匈牙利所在地区立国。

我访问匈牙利时,的确感到匈牙利人高鼻深目如其它欧洲国家人的不少,但黑头发、黑眼睛、肤色较深的人士确比其他欧洲国家多。细看他们古代国王的画像,就有更多亚洲人的特征了。

多瑙河明珠,布达佩斯

多瑙河上的桥

多瑙河为欧洲第二大河,发源于德国黑森林地区,流经匈牙利段长417公里,水量充沛,适于农牧,这为游牧民族的匈牙利人定居和逐步发展农业提供了极好的自然环境。多瑙河在布达佩斯穿城而过,有人把多瑙河比作欧洲的项链,布达佩斯便是这项链上的一颗璀璨的明珠。

布达佩斯是匈牙利的古都,亦是现代匈牙利共和国的首都。同时亦是匈牙利的文化、商业、交通及旅游中心。布达佩斯由多瑙河西岸的老布达、布达及河东的佩斯三市联合组成。老布达早在公元前古罗马人即已在此建城,9世纪匈牙利人在此定居,至12世纪时已颇繁荣。1241年蒙古人入侵,老布达被毁,次年蒙古人退走,贝劳四世国王在老布达重建王城,并在城南另建布达城,而作为渡口的佩斯则作为商业城市发展起来。

多瑙河流经布达佩斯段河面开阔、水流平缓,早在罗马人在此建城时河面上即建有石桥,后毁。两岸靠摆渡船交通,殊为不便。后建浮桥,又被浮冰冲毁。1839年塞切尼伯爵捐资建桥。由英国工程师设计建造,历10年而成,桥长380米、宽15.7米,三孔链式(今称悬索式)吊桥,两桥墩相距203米,为当时世界上跨度最大的桥。建成后为纪念塞切尼伯爵的义举,称为塞切尼链桥,俗称链子桥。链子桥建成,极大地方便了布达与佩斯两地间的交通。有趣的是桥的两头各有一对雕塑精美的石狮，但不知何故狮子口中无舌，故匈牙利人多用"链桥石狮"一词来表示对"长舌妇"的诅咒。

1876年又建成了玛尔吉特桥，为减少水流的冲击，此桥中有150度折角，从上向下看，成了玛尔吉特岛的双翅。其后由于经济发展，两岸交通日益频繁，又建造了阿尔巴特桥、伊丽莎白桥、自由桥、裴多菲桥、拉吉玛纽士桥，再加上两座铁路桥，九座建造精美、形态各异的现代化大桥使多瑙河两岸三城间"天堑变通途"。1872年12月22日三市合并，称布达佩斯，并立碑纪念。二战末期，德军退走前将这些桥梁悉数破坏，战后重建。

乘船游览布达佩斯的多瑙河，既可仔细观看河上各式桥梁，又可观看被联合国列入《世界文化与自然遗产名录》的两岸风光。当然，船上必定会播放《蓝色多瑙河》的乐曲和提供香槟酒。若是夜游，两岸流光溢彩，更是美不胜收。

布达城，皇宫之城

"布达城"是包含了皇宫在内的一组大型建筑，因建在山上，故又称城堡山。布达城始建于1242年，经历代国王不断修建、扩建，又经土耳其人攻占、基督教联军收复，以及两次世界大战的破坏及战后的修复，始成今日之情形。布达城内原住有居民，现多迁至"外城"。

布达皇宫在布达城南，约占布达城面积1/3。13世纪贝劳四世国王始建，其后经劳约士国王、日格蒙德与马迦什国王时期大规模兴建，成为欧洲著名的哥特式皇宫。可惜这座精美的皇宫在土耳其占领的100多年中遭到破坏，1686年全毁于基督教联军收复布达之役。1890年起重建，至1903年建成。新皇宫为新巴洛克式，包括宫殿、城堡与花园三部分，为欧洲最晚建成的皇宫。新皇宫建成后曾接待过著名的茜茜公主和她的丈夫奥匈帝国皇帝兼匈牙利国王弗兰茨·约瑟夫。二战中又遭严重损坏，战后再修建，不过政体已改，国王不再，遂同各国例，作为博物馆对公众开放，其中有匈牙利各时期的绘画和雕塑的精品展出。

布达城东端的渔人堡原是一些碉堡，1896年为庆祝匈牙利人迁居千年纪念，建造了此座融合了罗马式与哥特式的纪念性建筑。渔人堡塔楼高耸、石阶盘旋、回廊复道，极具浪漫色彩。庭院中有匈牙利第一任国王伊斯特万的骑马青铜塑像，七座圆锥形塔，代表当初匈牙利人翻越喀尔巴阡山来此的七位首领。二战中曾遭破坏，战后重修。渔人堡有露天

布达的渔人堡

长廊,登临可观赏多瑙河及布达佩斯风光,尤其华灯初上之时最佳,亦是情侣们最为流连之处。渔人堡造型优美别致,建筑高贵典雅,唯因原址系中世纪的一个鱼市场,名"渔人堡",则略嫌俗。若在中国或将名为"千僖宫"、"化龙苑"、"得鱼轩"之类。

布达城内还有几处著名的教堂或遗址,如以著名国王马迦什命名的马迦什教堂,自然值得一看,圣米克洛什修道院遗址、玛丽亚·毛格多尔娜教堂遗址,对于匈牙利历史或考古有兴趣的人也值得凭吊。布达城虽建在山石之上,其地下却有一个长达10公里的地穴,这些地穴原是地下水冲刷而成。古代用作酒窖或战乱时藏身,今有约三公里长之地穴可供人参观。

盖尔雷特山上的两座雕像

盖尔雷特山位于多瑙河西岸、城堡山以南,海拔235米,为布达佩斯市区最高点。山上树木葱茏,风光秀丽,有护城城堡、岩洞教堂可看。有两座重要的雕像与匈牙利的历史有关:一是圣·盖尔雷特纪念像,二是自由女神像。

匈牙利人原系东方游牧民族,信仰游牧民族的原始宗教萨满教,一如我国满蒙一带民众原始信仰一样。但当他们定居多瑙河流域后,却为欧洲势力强大、甚至政教合一的天主教国家所不容,于是战事不断。公元970年匈牙利大公盖造,意识到欲在欧洲立足,应结好于强邻、融入欧洲宗教。于是他先皈依罗马天主教会，又为其子向德皇亨利二世之女求婚，其子受洗后被主教赐教名圣·伊斯特万，997年伊斯特万继父位，遣使罗马，请教皇为他加冕。教皇为蛮族首领自愿归顺大喜，立即派人送去皇冠一顶。次年伊斯特万成为教皇加封的匈牙利第一任国王。伊斯特万并制定一系列法律在全国推行天主教，但也受到强烈的抵制甚至叛乱，直到1077年叛乱被完全镇压，天主教才逐步成为匈牙利国教。

传教士意大利人盖尔雷特，是伊斯特万儿子伊姆莱的教父和宫廷教师，1046年异教徒叛乱时被杀，并抛尸多瑙河中。为纪念盖尔雷特主教，匈牙利人将其遇害处之山命名为盖尔雷特山，并在山上建立了盖尔雷特纪念像。像高5米，盖尔雷特右手持十字架指向远方，左手怀抱《圣经》，青铜像耸立于巨石垒成之座基上，座基上雕刻一异教徒匍伏于盖尔雷特脚下，为乞求宽恕之意。像之背后则有半圆形廊柱，像之下有人工清泉汩汩而出，设计极具匠心。

历史上，匈牙利立国后曾遭两次毁灭性打击，一次是1241年的"鞑靼之灾"，蒙古人入侵，烧杀抢掠，尽管一年后蒙古人即退走，但留下的是满目疮痍。另一次是1526年土耳其人入侵，匈牙利损失惨重，国王亦在战争中溺水而亡。土耳其人与蒙古人不同，来了就不走了，他们占领匈牙利近150年，直到1686年以奥地利人为首的基督教联军赶走了土耳其人。匈牙利又落入奥地利人的专制之下，其后的近200年匈牙利人为争取自由解放，斗争不断。著名诗人、匈牙利民族精神的代表，裴多菲便高唱着："生命诚可贵，爱情价更高，若为自由故，两者皆可抛。"为自由而战，1849年7月31日在战斗中献出他只有26岁的生命。这些斗争虽然没有取得完全的胜利，但动摇了奥地利的专制统治。1867年奥、匈两国达成妥协，组成奥匈帝国。此后匈牙利得到了较好的发展。惜乎进入20世纪，匈牙利卷入了两场世界大战，而且都以失败告终。第一次世界大战，奥匈帝国是德国的主要盟友，战败后在巴黎和会上匈牙利受到了严厉的制裁，丧失了大量的国土。匈牙利人不服，至今他们仍在使用的一种大国徽上，还标着这些失地。二次大战中他们试图通过参战收复失地，可惜又站错了队，依附了希特勒德国。战后被苏军占领，在盖尔雷特山上建造了解放纪念塔，主体为双手高举棕榈叶的自由女神像。像高14米，青铜制成，底座高22米，座前有苏军战士纪念像。但苏军的占领并未给予匈牙利人真正的自由解放。1956年匈牙利人民奋起抗争，遭到了苏军镇压，政府首脑亦被处死。直到1989年，苏联解体，东欧易帜，匈牙利才摆脱苏联的专制。1992年拆除了苏军战士像等有关纪念物,并将纪念塔易名自由女神像,成为布达佩斯的象征。

千年纪念碑和圣伊斯特万大教堂

在多瑙河东岸佩斯城安德拉斯街东侧,有闻名遐迩的英雄广场。1896年为纪念匈牙利人定居欧洲1000年而兴建,历时30余年,至1929年方始建成。广场中央耸立着千年纪念碑,高36米,碑顶为手持十字架的双翅天使,碑座上有七位穿着东方服饰的部落首领的骑马青铜像。碑后为两座对称的弧形花岗石柱廊,廊高16米,各有六对廊柱,各廊柱间共有14尊青铜塑像,皆为匈牙利历朝历代著名的帝王、革命领袖等人。雕像栩栩如生,十分逼真,而且并不为尊者讳,如卡尔曼国王的像便是驼背的。廊顶亦有四组雕像,左侧的一组象征工作和财富,当中的两组象征战争与和平,右侧的一组则表示正义和荣誉。纪念碑前有平卧的无名英雄纪念碑,外国政要到访,常来此献花圈。不过我访问时见广场上停车甚多,似嫌杂乱,应是我等非政要,未作清场之故。

匈牙利是天主教国家,居民中信奉天主教的占70%,有2 000多座天主教堂分布于全国各地。在欧洲旅游,教堂是必定要看的,因为一座教堂,从外形建筑到内部的雕塑、绘画,几乎就是一座艺术的宫殿。布达佩斯著名的教堂就有马迦什教堂、圣安娜教堂、佩斯第一教堂、方济各会教堂、大学教堂、路德派教堂等等。圣伊斯特万大教堂建于最早的王宫原址,故以匈牙利第一任国王之名命名,又称圣依斯特万宫。大教堂坐落在佩斯的鲍依赤·日林斯基大街西侧,是一座新文艺复兴式建筑。正面的门楣上是圣母和圣徒的浮雕,凯旋门式拱门,门墙上有依斯特万大理石胸

匈牙利布达佩斯英雄广场与千年纪念碑

像和镶嵌画,两侧有对称的塔楼,中央圆顶大厅高96米,是布达佩斯最高的圆顶形建筑,有君临全市之感。大厅内有四组匈牙利圣徒雕像,中心圣坛上的神龛中不是圣母像或耶稣受难像,而是圣伊斯特万手持双十字架的大理石全身立雕像。其后半圆形护墙上有讲述这位开国君王一生事迹的五幅青铜浮雕。护墙后有间密室,密室中有一个嵌金镶玉的银箱,内中保存的是依斯特万的右手。据有见者称实际上是一个风干的"木乃伊",呈握拳状。据说自18世纪至今,每年8月都举行有将该"圣体"沿街巡游的活动。将圣人之身体分割保存,在天主教国家确有其事,如在爱尔兰都柏林的基督大教堂中便保存有圣劳伦斯·奥图尔的心脏。这大致如在我国佛教寺庙中有供奉释迦牟尼"舍利子"之意。

佩斯的国会大厦建于1884年匈牙利鼎盛时期,为新哥特式建筑,众多的尖顶给人以刺破苍穹之感。国会大厦占地近18 000平方米,共有691间厅堂、242尊雕像,外观之雄伟、内部之华美,有人比之伦敦大本钟的议会大厦,实有过之而无不及。惜乎限于时间,只得在多瑙河的游船上观看其雄伟的外观,未能得缘入内参观。同样在佩斯的豪华如皇宫的国家歌剧院、名符其实可称为"音乐殿堂"的李斯特音乐学院、新建的国家剧院即使不听音乐、不看演出也一一值得参观。布达佩斯有博物馆、纪念馆、展览馆等60多所。建于1837至1847年的匈牙利国家博物馆,丰富的馆藏暂且不谈。建成后的次年,匈牙利在欧洲资产阶级革命浪潮的影响下暴发了反对封建专制的革命运动。3月15日的群众集会上,爱国诗人裴多菲站在博物馆的台阶上朗诵了被称为匈牙利《马赛曲》的《民族之歌》:"我们宣誓,我们,永不做奴隶……不自由,毋宁死",值得凭

匈牙利国家博物馆,斐多菲曾在此台阶上发表"不自由,毋宁死"的著名演说

吊。故在国家博物馆前心怀崇敬,作写生画一幅以为纪念,惜乎因而未能得暇入内参观。布达佩斯又被称为"温泉之都",众多的温泉浴场,装饰豪华,大有古罗马遗风。安德拉斯大街上众多的雕像,个个栩栩如生,足以令人流连忘返。

浪漫的山丹丹

由布达佩斯北去约20公里有一小镇名圣安德烈,早在公元一世纪时古罗马人即在此驻军,起名"狼堡",实在不雅。匈牙利人迁入后,约12世纪时,此地名圣安德斯,在土耳其人占领时则称为奥皮顿,17世纪,土耳其人被逐后,有一批塞尔维亚人迁此,将圣安德斯转音读成他们崇敬的圣徒名:圣安德烈,并作为正式地名沿用至今。有趣的是中国人却又将圣安德烈转音读为"山丹丹"。虽然读音转化甚大,比将澳门葡人所建圣保罗教堂的残壁读为"大三巴"牌坊,转音的跨度还大。但"山丹丹开花红艳艳",颇符合该地艺术氛围,而且十分雅致。当然,该地华人甚少,这一名称也只在华人游客中口口相传。

圣安德烈位于多瑙河与皮利什山之间,自然风光秀丽。自19世纪末起,匈牙利许多艺术家迁来居住。其中匈牙利现代派画家的领军人物佐贝尔·贝劳更创意在此建立画家村,建立了圣安德烈画家协会,一批匈

雨后的山丹丹

牙利顶级的画家应声而来。甚至一些作家亦被吸引而来，在此居住或来此写作。傍晚时分，河水映照着落日的余晖，在河边浓阴下的酒吧小坐，最能体现圣安德烈的闲适之美。访问画家聚居之古城小镇，本以为可以见到一些戴着法兰西帽、叼着烟斗在写生的画家，可惜未能如愿。现今的画家已经很少干这种传统的活儿了，倒是我当街而立（街上禁行车辆，绝对安全）作了一幅街景速写，以应其景。

圣安德烈市被转音为"山丹丹"，艺术家聚居之处

小镇圣安得烈除多画廊外，教堂亦多，而且多为东正教教堂。街头巷尾且多树立有精美的正十字架、不同于天主教的横短竖长的长十字架的雕塑，其中有一个"鼠疫纪念柱"是教徒为感谢教会帮他们避免了鼠疫而建。

古老的维谢格纳德城堡

从圣安得烈再向北行约20公里，当多瑙河弯折处的山上，有一座古堡的遗址，名维谢格纳德，即"高山城堡"之意。公元4世纪时，罗马人即在此处建城堡为防卫之用。匈牙利立国后在此建城。13世纪匈牙利遭受蒙古骑兵突击后，痛定思痛，在各地大力修建城堡，在维谢格纳德山上建成城堡群。14世纪初，国王卡洛依·罗伯特在此建宫殿，到马迦什国王时代维谢格纳德的宫殿已经盛极一时，甚至被称为罗马教皇专使称为"地上天堂"。后毁于土耳其入侵，又由于山土崩塌终成废墟，甚至一度已不知所在。直到20世纪30年代才发掘出一些宫殿的遗址，近代由于发展旅游业的需要，对部分遗址略加整修，对外开放供人参观。保存稍好的是所罗门塔与云塔两处。所罗门塔在一小山顶上，车辆可沿山道而上，现存所罗门塔高31米，五层六角形，进深8米。顶层为瞭望塔，东侧面还保留着古罗马式样的双层窗。由于内部楼梯多有损毁，现在东面外侧架设了木梯，供游人上下，则更添沧桑之感。所罗门塔内部现辟作博物馆，陈列其时宫中遗物。几近废墟状的古堡，甚具残缺之美，故我曾在其门前作速写一幅，以为留念。

维谢格纳德城堡，呈颓垣断壁之美

鲜血与美酒铸就的埃戈尔

埃戈尔为匈牙利北部名城、赫维什州首府。坐落在碧克山西南的埃戈尔河谷内，从布达佩斯经M3高速公路、25号公路行约120公里可达。埃戈尔建城于1248年，分上城区、下城区两部分。16世纪土耳其入侵时，曾是匈牙利抗击土耳其的最后据点。1552年9月土耳其人在占领了匈牙利大部分地区后以15万大军围攻埃戈尔。埃戈尔城防指挥官指挥2 300名军民顽强抵抗，弹药不足时甚至以开水浇向敌军。埃戈尔军民浴血奋战38昼夜，终于击退敌军，成为匈牙利历史上著名的保卫战。匈牙利作家卡尔东尼·格佐，穷毕生之力着成长篇小说《埃戈尔之星》记述其事。埃戈尔保卫战在匈牙利无人不知、无人不晓，埃戈尔乃成匈牙利英雄城市。今日之埃戈尔博德广场上，阳光明媚，鲜花遍地，游人憩息，儿童嬉戏，乃是一片祥和景象。

埃戈尔大教堂为匈牙利第二大教堂。为新古典主义风格建筑，建于1831年，1837年竣工。至今虽已180年，保存完好。大教堂长93米、宽53米，中央圆顶高40米，由著名建筑师希尔德·约瑟夫设计建造。门前有两位国王伊斯特万与拉迪斯瓦什及两位圣徒彼德与保罗的雕像。门厅内有石盆盛水，供信徒入内时洗手之用。主圣坛中供奉圣约翰殉难像。大教堂花园内有大主教宫，陈列有历代主教收藏之珍宝。

埃戈尔西侧的山间有一段不太长的山谷，有个美丽的名字叫做"美丽女人谷"。据说此处山中曾出过一位美女，有沉鱼落雁之色，故名。游客前往倒不是为了看美女、而是为了品尝一种叫"公牛血"的美酒。该处山谷气候温润，十分适合栽种葡萄，而山土干燥又适合开挖酒窖，故自19世纪以来美人谷中形成百余个家庭酿酒作坊，争奇斗艳，各显绝技，每年进行评酒比赛，获奖者将证书高悬门上，顾客可以按图索骥、登门求购。各种名酒之中有一种名"公牛血"者，据说最佳。"公牛血"者，形容其形、其色若公牛之血。据说当年抗土战士多饮此酒，因而体力大增。而土军见匈军衣服上多染红色液体，以为是喝了公牛之血，在土耳其，公牛血为辟邪之物，故土军不敢恋战而退。自此匈牙利"公牛血"红葡萄酒自此名扬四海。据说"公牛血"是由数种红葡萄掺和酿成，何种葡萄、比例各是多少，则是各酒坊之机密了。按现代之科技应该不难揭秘，不过留点神秘之感，应是更佳。美人谷中、葡萄架下，粗犷的木制桌椅，坐饮"公牛血"，眼看山中景，亦是难得的享受。不过需提醒游客诸君，此酒入口香醇，后劲甚大，不可贪杯，以免耽搁后续行程。

盛产名酒"公牛血"的美丽女人谷

匈牙利对大多数中国人而言，是个陌生的国度。有点文化的人可能知道有个裴多菲，爱好音乐的人也许知道李斯特，大概仅此而已了。得缘访问匈牙利一周，虽只是浮光掠影，方始悟古人云："行万里路如读万卷书"之理。匈牙利可看之处甚多，称其为"旅游大国"，应不谬。当然，需要静下心来个"深度游"。

葡萄牙　西班牙
伊比利亚半岛掠影

对于伊比利亚半岛，国人一般皆较陌生，若称之比利牛斯半岛，则年岁大些的知识人士或许还知道是欧洲西南部伸向大西洋与地中海之间的一个半岛，与巴尔干半岛、亚平宁半岛并列于欧洲南部、地中海的北沿。伊比利亚半岛与欧洲大陆相连接处为比利牛斯山脉。比利牛斯山脉最高峰海拔4 800多米，为欧洲最高的山脉。古时交通不便，信息不通。即使欧洲人对伊比利亚半岛的事也知之甚少。连拿破仑都曾经说过："过了比利牛斯山，就是非洲啦。"

默德爱尔文化与海洋帝国

对于伊比利亚半岛上的三个国家，国人也大多印象不深。安道尔是一个小国，人们大多只在历数袖珍小国时提到它。而且大多还是在提示之下想到它。因为它不像梵蒂冈为教皇所居，亦不似摩纳哥以赌城闻名，列支敦士敦发行邮票能寄到世界各国，而安道尔的两万国民主要只是在比利牛斯山的南坡上牧羊。葡萄牙，国人知道的多些，因为他曾经占过我国的澳门。此外，在世界各国之中，国名中含可食之物的唯此一国，故而容易记些。西班牙曾在八国联军之役后的辛丑条约中分得一杯羹。不过它既不如德国之派了瓦德西来做联军的统帅,也不如日人之凶残、俄人之贪婪,故而国人也就"胁从不问"了。

其实,伊比利亚半岛与欧洲大陆一样,也是上帝十分眷顾的地方,半岛北、西、南三面临海。西北部有大西洋暖流带来温暖潮湿的空气,南部沐浴着地中海的阳光。阳光、空气和水,伊比利亚半岛尽得其利。

大约在公元7世纪之前,伊比利亚半岛受古罗马人统治。公元7世纪前后阿拉伯人强大起来,来自北非的阿拉伯人的一支、摩尔人越过直布罗陀海峡,来到了伊比利亚半岛,其时古罗马人已经势轻力微,据说摩尔人只用了不到两年的时间便驱逐了罗马人占有了半岛的全境。从此阿拉伯人在此遍建清真寺,高颂古兰经,整个伊比利亚半岛成了阿拉伯世界的一部分。这样差不多整整延续了将近700年。公元14世纪前后信奉天主教的人们在费迪南德·阿方索国王的领导下,经过艰苦卓绝的奋斗,驱逐了阿拉伯人,西、葡两国终于复国至今。所以两国的历史至今大约刚好三个700年。如今古罗马时代的遗迹还剩下点水槽与剧场遗址之类,数量也不多了,终究已经历史久远。倒是阿拉伯文化的遗迹留存甚多,而且大多经过缜密的保护,因为实在是太精美了。清真寺用不着那么多了,索性加以改建、加建,成了天主堂。阿拉伯文化与天主教文化融为一体,成了伊比利亚半岛上独特的带有阿拉伯风情的天主教文化,被称为"默德爱尔文化"。

不过西、葡两国人民常常引以为自豪的还不是这些规模宏大的由清真寺改成的精美的天主堂,而是他们的航海文化。两国复国之后,经百余年的休养生息,到了15世纪后期,都逐渐强盛起来。他们的东面被比利牛斯山脉阻隔,于是便把眼光投向海洋。高明之处在于他们不像北欧的维京海盗,只干些鸡鸣狗盗的营生,而是倾国家之力放眼世界。哥伦布本是意大利人,后来移居西班牙,他发现新大陆之行是由西班牙国王赞助的。行前皇后伊萨伯拉便曾两次亲自接见他,归来时费迪南德国王亲自到巴塞罗那海港迎接。而葡萄牙的航海事业亦是由皇室支持的,达加玛发现的印度航线之旅,便是由葡萄牙的亨利王子赞助的。

500多年前靠着几条木帆船远涉重洋是要有相当胆量的。他们经年在海上战狂风斗恶浪,前不巴村后不巴店,许多人葬身鱼腹,许多人死于坏血病,坚持到发现新大陆、发现新航线的终是少数。据记载,在哥伦布发现新大陆前三天,他们已经在海上航行了大半年了,一望无际的海洋、无休无止的风浪,使许多船员绝望了,从抑郁到烦躁,终于他们揭竿而起了，杀了二副，威逼哥伦布返航。哥伦布临危不惧，他经过仔细的计算，向船员们许诺，如果三天后仍不能到达彼岸，他便同意船员们的要求。船员们被镇定自若的统帅说服了，于是他们继续航行。三天后当晨曦照上桅杆时，他们喜极而泣，因为他们看到了海岸，终于到达了大西洋的彼岸，发现了新大陆。他们回程时，船上装满了黄金。当然这在我们中国人看来，是他们巧取豪夺的结果。不比我国的郑和下西洋，只是宣扬国威，叫彼等蕞尔小国岁岁来朝、年年进贡些珍奇之物便了。在此后的百余年中，西、葡两国的航海家、冒险家、军官、士兵、传教士、商人、无业游民、流氓无赖乃至罪犯纷纷循迹而至，以至整个中南美洲除巴西之外皆落入西班牙人之手，而葡萄牙则获得了比他本土大50倍的巴西，葡萄牙国王兼任了巴西国王。向东发展的葡萄牙发现了通达印度的航线，从印度运回了黄金和香料，还占据了印度的果阿、中国的澳门。西班牙也不甘示弱，占据了菲律宾。早在因工业化而强盛起来的英吉利、法兰西之前，建立了他们的海洋帝国。

葡萄牙，欧洲大陆最西端的国家

  2007年元旦前夕，在上海穿着毛衣外套，从浦东机场乘法国航空公司的飞机，经过11个半小时的长途飞行，到达法国巴黎的戴高乐机场。再转机飞往里斯本，又经过两小时20分钟，飞机逐渐下降，透过弦窗可见地下密集的灯光，显示出里斯本繁华大城的气势。下机后虽已深夜，但气温仍觉较上海稍高。又经过一个多小时的车程，到达了位于里斯本郊区下榻的宾馆。安顿下来，夜空出现了一些焰火，对面楼上的居民也到阳台上观看。大致如我国的习俗，新年到了。不过据说西班牙人这时是应该伴随着钟声吃下12颗葡萄，以祝来年月月有好运的。而葡萄牙人则多在各个广场上欢歌跳舞以示庆祝。我们所住旅馆在里斯本市郊，还比较冷清。因为经过长途飞行，不无困倦，也无心除夕、新年之事。好在欧洲国家的旅馆虽然都不很大，亦不豪华，但却十分整洁，便安然入睡了。

  第二天清晨，在宾馆的二楼餐厅用早餐，不外是些香肠、面包之类，香蕉、苹果也与我国的无异。挑了一个临窗的座位，看着朝霞中的太阳从一望无际的大西洋上升起，这应该是2007年的第一缕阳光啊。

  早餐后开始了对里斯本的观光。里斯本为葡萄牙国的首都，人口约300余万，濒临大西洋，港湾水深浪缓，气候温和，风光秀丽。特茹

里斯本卡洛斯三世国王像

河经城南入海。河上架有萨拉扎尔大桥，长3 018米，为欧洲最长的吊桥。河口有贝伦塔，实系建于河口的军事要塞，西方人对于建筑十分讲究。军事要塞虽为战事准备，建造亦极精良，贝伦塔全用巨型花冈石建成，俨然一小型城堡。塔外则大片草坪，虽是严冬季节，依然郁郁葱葱。贝伦塔今已辟为军事博物馆，展出古今武器装备，不过参观者寥寥无几，或许是因我们过于赶早之故。

距贝伦塔不远处有发观者纪念碑，为纪念葡萄牙航海家达伽马发现印度航线500周年，于1961年所建。该碑用巨型花冈石建成，挺立岸边。据称达氏即由此处起航。该碑之造型十分奇特，正面观为一狭长之十字架，侧面观则为一三桅帆船，即当时远航普遍使用之船。船首雕亨利王子挺立之像，其侧则为达伽马及航船上测绘、撑舵、张帆之各种人像。参观之时忽起浓雾，所塑人物已难辨认，整个纪念碑犹如迷雾中之航船，观者则有与达伽马同舟共济之感。

葡国人对海洋的敬畏、对航海家的崇敬，绝不亚于西班牙人，当达伽马发现印度航线后，大批葡萄牙人投身航海事业，有的葬身鱼腹，有的运回黄金，为他们的国家也为他们自己赢得了财富和荣誉。葡国人为了纪念他们，在1500年动工修建了吉诺米若斯修道院，至今500余年仍保存完好,并仍在正常使用中。该修道院的建筑为当时最为流行的、并以国王曼罗埃尔命名之式样,也是如今保存最完好的曼罗埃尔式建筑。是日参观时其内正进行宗教仪式,庄严肃默。不过入门之处亦有数名老人行乞,当是上帝未能照顾周全之人。

　　里斯本1755年11月曾有大地震发生,全城房屋建筑三毁其二。其后里斯本人竭全力重建,新建者多巴洛克风格,使里斯本更添风姿。里斯本全城有多处广场和林荫大道,其中以为纪念主持里斯本重建工作的庞巴尔侯爵而命名的庞巴尔广场、罗西欧广场及自由大道最为著名。广场上多有塑像喷泉之类,一如欧美各国。游客、市民徜徉其中,大致上在路边咖啡馆中品咖啡者多为市民,而持相机拍照者则多为游客。若非被导游提醒小心钱物,则气氛绝对祥和。

　　伊比利亚半岛在欧洲西部,而葡萄牙又在伊比利亚半岛的西部。里斯本附近的罗卡角为幸特拉山脉伸向大西洋中的一座山峰,地处西经9度30分为欧洲大陆的最西点。其处山顶建有灯塔,除导航外,还可供游人登临,以观沧海,其下则是悬岩峭壁,大西洋惊涛拍岸。碧海共蓝天一色,白云与鸥鹭齐飞,令人心旷神怡。葡国诗人卡蒙斯曾赞曰:"陆地尽头,海洋开端。"已被镌刻在其地白色大理石碑上。游人到此,莫不感叹大自然之伟大,而人世之渺小。每思及此,则胸中之烦恼大多荡然无存。有趣的是地方当局有感此理,在此发放旅行证明,证书庄重典雅,证明某人某月某日曾到此一游,并加盖辛特拉市政府火漆印封,亦庄亦偕,颇为有趣。

葡萄牙罗卡角,大地尽头、海洋开端

西班牙西南三名城

到塞维利亚去看大钟楼

次日车行约四小时越过瓜·亚纳河进入西班牙境内。两国皆属欧盟国家，故边境已不设一门一卡、一兵一卒，只一欧盟标识、几面国旗而已。进入西班牙后映入眼帘的是一望无际的田野，遍是橄榄树林。西班牙盛产橄榄，这橄榄不是我做拷扁橄榄吃着玩的橄榄，而是榨油用的油橄榄，比我国产的橄榄小些，但含油量丰富。如今世界上许多国家，包括如我国等发展中国家，动脉粥样硬化所致的心脑血管病成了人们健康的主要杀手。动脉粥样硬化是因脂类物质阻塞动脉血管所致。因此人们注意研究各国、各地人们的饮食习惯与心脑血管病的关系，发现一些地中海国家的情况要好得多，研究的结果是因为他们多食用橄榄油，橄榄油中多含不饱和脂肪酸，甚至可以有助于减轻动脉硬化。于是橄榄油名声大振，各国供不应求。西班牙、意大利与希腊是世界主要橄榄油产地，而西班牙更是橄榄油出产大户。其出口量约占世界橄榄油贸易量的2/3。这给西班牙人带来经济上的好处，恐怕不亚于哥伦布带回来的黄金，而且可以"持续发展"。

进入西班牙后行车三小时许便到达西班牙南部名城，塞维利亚省首府塞维利亚市。塞市在瓜达尔基维尔河畔，距大西洋加的斯湾仅60公里，为一座内河口岸城市。在16、17世纪时曾为世界第一大港。为欧洲与南美交通之门户。至今尚有一座名为黄金塔的12边形阿拉伯风格的古塔耸立于河之左岸。我国一些书籍中有介绍谓是该塔外涂金粉，故称黄金塔，实则该塔初建于13世纪，当塞维利亚成为沟通南美门户时，自美洲运回之黄金，多得常常不及入库，便在塔中暂存，或在塔中住守兵丁，保护这些黄金，故名。

该市的卡特的纳尔大教堂，据称仅次于梵蒂冈的圣彼得大教堂与伦敦的圣保罗大教堂，居世界第三。该教堂值得称道的不仅是其大，而更是因其高达338英尺、合100多米的钟楼，原是建于1184年的大清真寺的宣礼塔。15世纪建造卡特的纳尔大教堂时，因该宣礼塔十分精美，不忍拆除，遂只在其上加建了装有25口大钟的部分和一个代表"信仰"的雕像。使该钟楼成为一个具有阿拉伯建筑风格的天主教堂的钟楼，成为融伊斯兰教文化与天主教文化为一体的所谓默德爱尔文化的代表。

赛维利亚卡特的纳尔大教堂的钟楼

　　塞维利亚亦是一座文化名城。西班牙著名作家塞万提斯在此度过了他的青年时代，故其著作中的一些街道名至今仍能在塞市觅见踪影。著名画家维拉斯凯、雕塑家卡诺都曾在此居住和进行艺术创作。哥伦布图书馆收藏有哥伦布的手稿，极为珍贵。

　　塞维利亚市内多花园，有阿拉伯式、文艺复兴式及现代式的多座花园，故有"花园之城"的美称。1992年世界博览会在塞维利亚举行，展会所在的西班牙广场的主体建筑遍饰青花瓷砖，并有数十方瓷画描绘该国各省的重要历史事件，亦很有观赏价值。

到格拉纳达去看阿拉伯王宫

　　自塞维利亚向东车行三小时许可达阿尔瓦塞特省首府格拉纳达。格拉纳达意为石榴，是因该市市郊遍植石榴树，故称该市为格拉纳达。格拉纳达曾为阿拉伯人所建之格拉纳达王国的首府，市内建筑多具阿拉伯

格拉纳达的阿尔汗布拉宫,阿拉伯风格的廊柱

文化与天主教文化两者之特色,如圣玛利亚大教堂、马德拉萨宫皆是。

格拉纳达城东山坡上有阿拉伯格拉纳达王国时代的王宫,名阿尔汗布拉宫,为迄今西班牙保存最完好的阿拉伯时代的王宫。阿尔汗布拉宫始建于13世纪阿赫马尔王时期,阿拉伯人被逐后曾一度荒废,19世纪在费迪南德七世国王资助下逐步修复。阿尔汗布拉宫依山而建,集壮观与秀丽为一体,占地约140 000平方米,有坚固的城垣与数十座城楼保护。故有"宫殿之城"之称。其中有桃金娘宫又名仙女花宫,呈长方形,长140英尺、宽74英尺。当中为大理石水池,两厢走廊由无数精美的大理石柱支撑。两头的大使厅、觐见室之墙壁皆饰以加入大理石及珍珠粉的石膏制成的、雕刻有古兰经经文及各种美丽图案的板块。至今大多保存完好。狮子厅为王宫内院,院内有一由12头汉白玉雕成的雄狮托起一盘形水池。池水溢出由明渠流至附近各宫。其厅中之穹顶以石膏塑成蜂巢状钟乳石下垂,为阿拉伯建筑之特色。每当夕阳西下,宫中建筑在夕照之下尽显橙红之色。故阿尔汗布拉宫亦称红堡。其实,阿尔汗布拉在阿拉伯语中本来就是红色的意思。红堡与远处之穆拉森雪山红白相映,美妙绝伦。

到科尔多瓦去看千柱厅

科尔多瓦距格拉纳达车程两小时许,位于瓜得尔基维尔河北岸,为科尔多瓦省首府。公元756年阿拉伯倭马亚王后裔,阿卜杜勒·拉赫曼王子在此定都,建立白衣大食王国。一时商业繁荣、文化发达。其时之科尔多瓦甚至与巴格达、君士坦丁堡齐名于阿拉伯世界。科尔多瓦大清真寺,公元786年白衣大食王拉赫曼一所建,其后几代君王增建,始成今日之规模。该清真寺历千余年至今,仍是西班牙最宏伟的古建筑。科尔多瓦大清真寺占地长180米、宽130米,为欧洲最大的清真寺,其规模足与耶路撒冷与麦加的大清真寺相媲美。其殿堂雄伟,装饰华丽。其用于支撑的大理石柱尤具特色。初时共有石柱千余根,其中许多系拜占庭皇帝利奥四世赠予拉赫曼一世的礼物。其时利奥四世同时运来多达16吨的各种玉石与象牙,派来近百名能工巧匠协助安装。1236年改建为天主堂,为安装祭坛、神龛等拆除了部分石柱,但因这些石柱十分精美,也尽量予以保留,今存石柱仍达800余根,故仍有千柱厅之誉。科尔多瓦大清真寺虽已改为天主堂,但其内仍保留了许多伊斯兰教遗迹,如阿拉伯绘画与雕刻、阿拉伯人木制的藻井、复以贝壳状大理石的七角形壁龛等,终成世界唯一的伊斯兰与天主教建筑风格合一的教堂。

  大清真寺附近有一小巷,窄仅容一人通过,幸尔仅长30余米而已。墙作白色,饰以鲜花,尽头有一小庭院,其中有一古罗马时代遗留之喷水池。四周房屋白墙黄门,植有攀藤之红色八角花,花势极盛,一片嫣红,越墙及于邻舍。院中又有两少年演奏风琴与吉他,极为清雅。是为古犹太人所居之百花巷。其巷虽只30余米,但为古犹太人之遗迹。故前往探访者络绎不绝。

西班牙古今两都城

古都托雷多,三教文化城

  自科尔多瓦北上,经拉曼查平原前往马德里。拉曼查平原为西班牙主要农业区,极目所见皆橄榄树林。拉曼查平原即文艺复兴时期西班牙著名作家塞万提斯笔下人物堂吉诃德漫游之处。塞万提斯以写小说著称,塞氏之前西方文学作品多以宗教故事为题材,塞氏的小说开民间题材之先河,并多嘲讽世事之作,在西方文学史上有重要之地位。是日傍晚,车行在高速公路上,但见天边红霞漫染,遥想堂吉诃德在夕阳西下之时手执长矛、骑匹瘦马、带着仆人,踯躅在乡间小路上。把风车当作魔鬼、将村姑视为公主,闹了许多笑话。于是很想看到风车、瘦马、小道或村姑,以应故事,可惜皆未能如愿。少数用于风力发电之三叶金属风车在夕阳下闪耀,想来堂吉诃德先生必定未曾见过,否则或许更要视为魔鬼了。车行甚速,并无村姑可见,想来如今人们衣着光鲜,若有农妇被堂先生见着,更要疑为是公主出宫了。

  托雷多在马德里南70公里处,为西班牙之古都。其城建于一山丘之上,塔古斯河三面环绕,为著名的易守难攻之城。公元前1世纪,罗马人入侵之时便将此地易守难攻之说载入史册。费迪南德一世国王驱逐阿拉伯人时也只能采取围困之法,据说围城年余,阿拉伯人不得已方始投降。托雷多城在古罗马人统治、阿拉伯人占领及西班牙复国之后皆为西班牙国之重镇,作为国都亦长达9世纪之多。故其城内汇集了各个时期之文化特点,融合了犹太教、伊斯兰教及天主教三大宗教文化。故有"三教文化城"之称。其城之建筑依山而建,错落有致,街道狭窄且多斜坡。其间散在哥特式、阿拉伯式、巴洛克式及新古典式之教堂、王宫、博物馆等大型建筑70余座。进入城内有身在中古时代之感。

  托雷多大教堂始建于公元1227年,历200余年至1493年方始建成。为一哥特式建筑,其内饰以西班牙各个时期的名画,保存有历代主教的衣冠。珍宝室内有一件以哥伦布从南美首次运回的黄金与珠宝打造的圣体龛,重约200千克,制作精美,价值连城。

  托雷多古城全城被联合国教科文组织定为世界文物保护区,享此殊荣者,全球城市中唯捷克之布拉格与此托雷多。

首都马德里,恰逢三王节

  从托雷多北行70公里即可到达西班牙首都马德里。马德里为欧洲名城。居伊比利亚半岛中央高原之上,海拔670米,为欧洲最高的首都。人口400余万。全城有50个博物馆,150多所美术馆与展览馆,可见文化气息之浓。其中以普拉多博物馆最为著名,收藏有15世纪至19世纪西班牙与意大利著名画家名作3 000多幅。城内各种现代化大厦与古建筑摩肩接踵,广场、塑像、草地、喷泉随处可见。在被称为"马德里塔"的摩天楼旁有一广场,名西班牙广场。广场中耸立塞万提斯纪念碑,碑前有堂吉诃德执长矛、骑瘦马与其仆人桑科潘扎踯躅而行之铜像,造型极为逼真。游西班牙必游马德里,到马德里者必到西班牙广场,到广场者则必与堂吉诃德像合影。可惜广场四周建起小商品市场,人声鼎沸,大失清静。塞翁泉下有知,必定不满。但愿只是权宜之计,而望早日拆迁。此外可游之处尚有马约尔广场,又称太阳门广场,因广场四周有九条街

马德里塞万提斯纪念碑前的堂吉诃德及其仆人的雕像

道如阳光辐射,故名,广场上有菲力普三世国王骑马之雕像。附近的一条街上有一狗熊爬树之铜像,并不十分起眼,但据说即是马德里之城市标志。

　　到达马德里之日适逢该国之"三王节",据说三王即红、蓝、黄三色之神,其日将降临人间,专给儿童赠送礼物。"三王节"最为兴奋的是儿童,故又称儿童节。傍晚主要大街两侧挤满儿童与家长,等待巡游之花车及车上装扮三王之人向两侧抛洒糖果及派送礼物。是日傍晚,马德里万人空巷,交通管制,然而秩序井然。我等游人并未携带儿童,自不便前去凑热闹,只在哥伦布广场附近驻足观看。广场一端临时建一高台,9时许,乐声大起,台上有人歌唱或表演杂技,强光灯照耀之下,百米外清晰可见。忽又有大型伞盖冉冉升起,其下竟悬有多名白衣天使,翩翩起舞,一派欢乐祥和之气氛。

　　马德里大街之上名牌商店林立,年岁稍长之人皆西装革履,女士多着长大衣,并略施脂粉。行时昂首阔步,充满自信。据说西、葡两国加入欧洲共同体后,因两国出产之物以农产品为主,欧盟予以农业津贴,旨在促使两国进一步发展农业。因而两国经济好转,人民生活日渐富裕。纵观马德里城市建设、人民生活,当绝不下于欧美任何一地。

伊比利亚半岛明珠巴塞罗那

拍斗牛雕塑聊补遗憾

一日自马德里向东北方向而行,车行约两小时许,按例休息。高速公路之休息站,在我国多称服务区。为行车者加油、修车、饮食、休息及解决私急而设。各国大同小异,西、葡两国者亦是如此。唯此休息站不同,其外形为黄白相间的两层楼房,极似西班牙各地的斗牛场。饮食、休息需拾级而上,其楼上之餐饮、购物部分规模颇大,俨然一百货公司或大型超市。其中一厅有如真人大小的雕塑,斗牛士挥舞红巾,黑色公牛抵角前冲。同行诸君纷纷拍照留念。据介绍,春季公牛发情,易受挑逗,能奋力冲撞,故斗牛表演多在此时。此次西班牙之行因在冬季,未能见到斗牛表演这一西班牙国粹,小有遗憾,故而众人皆在模型前争相拍照,聊为弥补之意。

在该处商场中尚有大量火腿出售,其形状一如我国之常见者。初疑是金华火腿外销,细问下来却道是该国土产,并称需选用优质黑毛猪之后腿,经许多任务序腌制、暴晒而成。吃时削去外皮切成薄片,并不烧汤、制煲,直接入口生吃,鲜美异常云云。次日早餐时果见此物,细品其味,觉也平常,其实过去亦曾吃过,未曾留意罢了。西方人之饮食、烹饪本不及我国,西、葡两国在饮食方面更乏善可陈。

又车行两小时许至西班牙第五大城萨拉戈萨,此地曾系西班牙卡斯提尔古国之重镇,古迹甚多。位于埃布罗河南岸的皮拉尔大教堂中有西班牙艺术大师戈雅与巴叶乌的彩绘,十分珍贵。其内有圣母玛丽亚柱,顶部有圣母玛丽亚怀抱圣婴耶稣之雕像。圣母头戴金冠,仪态优雅,为稀世之宝。曾在埃布罗河桥上远眺皮拉尔大教堂,隔河相望,美不胜收,遂作写生画一幅以作纪念。

哥伦布的功过,谁与评述

离开萨拉戈萨继续向东而行,车程四小时许,到达此次西、葡之行的最后一站,被称为"伊比利亚半岛"明珠的西班牙第二大城巴塞罗那。巴塞罗那1992年曾举办盛况空前的第25届奥运会,我国运动员收获金牌甚多,故国人对此城可能尚较马德里有更高的知晓度。巴塞罗那位于地中海岸,人口300余万,为西班牙文化古城与最大的海港。巴塞罗那由古迦太基人建城于2000多年之前,自公元2世纪起即为地中海沿岸大港,至今长盛不衰。巴市依山濒海,海滩平缓开阔。市内哥特式、文艺复兴式及巴洛克式古建筑与现代化楼群交相辉映,可游之处甚多,因限于时间,只能摘其主要景点浮光掠影地看一看。

到巴塞罗那,哥伦布纪念碑是不能不看的。哥伦布纪念碑为1888年因在巴市举办世界博览会而建。纪念碑耸立于海滨和平门广场上,面临烟波浩渺的地中海。碑高约60米,用赭红色大理石制成。柱体中部有"光荣归于哥伦布"与"向哥伦布致敬"两行大字。顶端立有哥伦布铜像,右臂前伸,指向海洋,左手执一物,是哥伦布从南美洲带回之烟斗。据考,哥伦布航行至南美洲今玻利维亚地方登岸,发现当地土著居民在举行祭神仪式时皆燃烧烟叶,造成烟雾缭绕之气氛,而酋长则用一木管吸烟,哥伦布询之,谓是"托巴菇",即今日西文"烟草"一词之音译。哥伦布回国时将烟草之种子带回欧洲试种,终成今日吸烟燎原之势。哥伦布发

巴塞罗那的哥伦布纪念碑

现新大陆,功劳大焉。然带回烟草,使如今吸烟流行,癌症、心血管病、呼吸道疾病许多皆与之有关,则过亦大焉。哥伦布纪念碑附近有航海博物馆,其中存放当年哥伦布航海笔记等物,极为珍贵。和平门广场因哥伦布纪念碑而使游客纷至沓来,出售小商品之市场亦应运而生,哥伦布碑下一排白色帐篷皆为此而设。遥想1492年哥伦布发现美洲之行由此启航,归来时西班牙国王亲自到此迎接,何等气派。如今哥伦布的、或许还有国王的子孙在此干些小小营生,真是此一时也,彼一时也。不过"光荣归于哥伦布",也只归于哥伦布,而不福荫子孙,也是一种社会进步的体现。

安东尼·高迪,令人崇敬的建筑师

在巴塞罗那有许多特色的建筑是应该看的,著名建筑师安东尼·高迪生于斯、逝于斯,一生之作品中有多件被联合国教科文组织评为世界文化遗产,并都在巴塞罗那城。其中最著名的是神圣家族教堂,该教堂由高迪设计并指导施工,始建于1882年,至今120余年仍在建设中。据说完全建成之后将成为仅次于梵蒂冈的圣彼德大教堂而居世界第二。

我们常听说欧洲的一些教堂建筑起来常需百十来年,有的如德国科隆大教堂竟建了近六百年方始建成,与国人所习见之"献礼工程"迥异。一方面教堂建设及内部装修的确费时、费事,另一方面教堂之建设耗费甚巨。即使封建时代国王赞助,可能建筑时常超标,拨款大约也常不敷应用。待到政、教分离之时,政府不再拨款,教堂建设也只能"自筹资金"了。靠教徒的奉献能有多少?故而建筑周期都很长。高迪是虔诚的基督徒,一心向主,将其身家性命都献给了这所教堂,以致其晚年经济十分窘迫,甚至衣衫褴褛。其外出,竟被人误为乞丐而予舍施,他亦不拒,而将舍施之钱点滴收集,为建教堂之用。最后高迪一日外出为马车所撞,伤路人以为是一名乞丐,将其送至贫民医院,终于不治身亡。高迪于宗教之虔诚、于事业之执著,实在令人敬佩。

神圣家族教堂共有三个立面,分别表现耶稣诞生、耶稣受难及耶稣光辉,细观其中雕塑之物则还有枞树、水果、飞禽、走兽,甚至还有堂吉诃德和他的瘦马,并多采用刚性线条,一如如今之动漫人物,而且已建成部分这些物品上还涂有鲜艳的油彩,在阳光下光彩夺目,大不同于一般教堂一色清灰之沉闷。心中暗思,似乎像是迪斯尼乐园,今后建成或许老幼咸宜。不过想来耶稣基督讲博爱、上帝爱世人,儿童若喜到教

巴塞罗那圣家族教堂，高迪倾心之作

堂玩耍，亦与教义不悖。

  高迪作品可看者尚有奎尔公园、卡萨公寓、米拉公寓等，皆造型奇特，别具一格。如米拉公寓，外形极不规则，窗户大小不等，排列不齐，窗沿突出，厚薄不一，如矿工所凿之洞，故当地居民亦以"矿山"名之。

毕加索博物馆与奥运会赛场

  巴塞罗那是西班牙著名画家毕加索年轻时所居之处，其早期作品亦多以该城为背景绘成。为纪念毕加索，由其秘书塞巴蒂斯创建毕加索博物馆，设于巴塞罗那老城区蒙特卡达大街上的一座砖木结构的二层楼房内，馆舍之门开启于一小弄堂之中，入门即馆舍，仅一株绿树置于楼梯侧之小塑料桶中。馆舍虽甚不起眼，馆藏却极丰富，收藏有毕加索各个时期之作品千余件及一些手稿、笔记，皆是研究毕加索的重要资料。

  连接和平门广场与市中心加泰罗西亚广场的兰布拉斯大街，是一条步行街，有一段是鲜花市场，两侧皆系花铺，专门出售花鸟虫鱼，被称为"花市大街"。近加泰罗西亚广场的一段，有不少"行为艺术家"扮成古代武士、足球明星之类与人合影。见有扮成古代修士者，一儿童施予钱币，则握其手并从怀中取出一粒糖果回赠。此类表演自为谋生之计，然亦落落大方。行人踯躅其间，亦是一种休闲之享受。

到巴塞罗那自然要去看它的奥运场馆，车行至一处高地被警员所阻，告知是晚该场地将举行"西班牙人"队与另一球队的比赛，故实行交通管制。西班牙是足球强国，国民对足球兴趣极浓，场上拼搏之时，观众情绪激昂，间或乐极生悲，造成事故。故而早早施行交通管制，清理场地以策安全，亦在情理之中。我们一行只得绕行而去，但见其主场中之火炬台高耸，造型奇特，似一彩带环绕之圆珠笔，不知是何含意。据说各国为争办奥运赛事，多建许多体育场馆，及至赛后，即使该地市民人人运动、天天运动，无论如何亦难充分利用。而此建筑赛事之后系作手机通讯发射台之用，一物多用，符合节俭原则。西班牙的足球比赛我们虽未亲历，但即如该国之"皇马"球队，我们亦曾在电视上见过其风采，故此行未得入内参观并不以为憾事。

西班牙国尚有一种弗拉明戈舞亦颇有特色，不过曾在巴西仔细观赏过桑巴舞，据说即弗拉明戈舞传入南美与当地印第安人之舞蹈相融合而成。因此更为奔放、热烈。既然见过更好的，又因旅途之劳顿，故夜晚表演之弗拉明戈舞亦未前去观看。

伊比利亚半岛一周浮光掠影之游，使我们大致对西、葡两国有了些肤浅的了解。当然一个国家、一个民族、一个地方的全貌：历史地理、风土人情、政治经济、名胜古迹、饮食文化、宗教信仰等等应该是立体的，短期旅行只能知其大概。而且各人兴趣不同，想法不一，或有谓不看斗牛、不看足球不能算到过西班牙者；或有谓不吃加泰罗尼亚甜食、不听复活节民歌不能算去过巴塞罗那者。但我谓，既然看过阿拉伯风格的天主教堂，可算到过西班牙，因其为西班牙所特有；到过和平门广场见到哥伦布纪念碑，可算到过巴塞罗那，因其为巴塞罗那辉煌之最。

# 意大利

访意散记

意大利共和国在欧洲南部、突出于地中海的亚平宁半岛上，面积301 225平方公里。人口5 430万，绝大部分为意大利人，少数法兰西人、加泰隆人、弗留里人等，居民多信天主教。

大约60多年前，在小学的国文课本里读到了关于维苏威火山爆发，淹没了庞贝古城的故事，知道了一个叫意大利的古国。到了初中学地理，对于海中海里那个国土外形像皮靴一样的意大利，倒也留下一些印象。那时青少年知识的来源，几乎全靠书本，不像现在，炊饼店里标明是正宗意大利比萨饼；打开电视机，爱看足球的看到的是意大利的迪纳摩队又攻进一球，爱听音乐的收看的是意大利男高音之王帕瓦罗蒂的演唱会，爱美的女士注意的是意大利时装……人们可以有许多途径触摸到意大利的气息。

条条大道通罗马

但我总觉得足球、歌剧、时装还只是意大利的流光溢彩，似乎还不是它的本质。意大利和我们伟大的祖国一样，也是一个文明古国，曾经创造过璀璨的文化。沧海桑田，几经兴衰，如今的意大利究竟怎样了？

听说公元一世纪建造的斗兽场至今仍在开放,供游人参观?

一年初冬,经有关方面安排,得缘与健康报主编白筠女士、副总编黄泽民先生组团访问意大利。行前又因事耽搁,未能与白、黄二位同行,只能在两天后自行前往罗马与他们汇合。好在一路顺风,上午9点多钟从上海虹桥机场出发,由于有六七个钟点时差,下午便到了德国的法兰克福机场,转乘意大利航空公司的班机,傍晚便到了罗马。旅行社王小姐接站,很快驱车进入罗马市区,其时大约晚上八九点钟光景,罗马给我的第一印象是并不十分繁华,却有着几分深沉。大约是因为我们通常将夜晚霓虹灯的闪烁视为繁华,而高大建筑物下的昏暗却给人以深沉之感的缘故。我们下榻的旅馆在一条小街上,不很大却清静,不豪华却雅致。工作人员皆是些慈眉善目的老人。由慈祥联想到文明,由老人联想到古国,心里油然升起感觉:啊,我来到了意大利!等到遇到白、黄二位,坐定下来,问起行程之事,我才意识到我是在同一天由东海之滨的上海,来到了地中海亚平宁半岛上的罗马,万里行程毕其功于一日,不可不感叹现代科技之发达。不过转而一想,这些科技的基础却是源于意大利人如伽利略、马可尼等对科学的贡献。

罗马,古迹博物馆

罗马是意大利的首都,也是旅游业的中心。罗马的城徽是母狼哺婴,传说罗马城的建城者罗慕洛·罗马幼时遭人暗算,被弃入台伯河中,幸得母狼相救并哺育成长。罗马是不是个狼孩无考,不过罗马城确是以他的名字命名的。罗马城始建于公元前753年,公元前27年至公元476年为古罗马帝国的发祥之地和首都。罗马古城建在阿文蒂尼、卡埃利安等七座山丘上,外有城垣包绕。名胜古迹,包括尚属完好的古代建筑以及更多的颓垣断壁比比皆是,使得整个罗马城就像一个巨大的历史博物馆。

罗马有许多广场,如威尼斯广场、西班牙广场、圆柱广场等,都十分著名。市中心的威尼斯广场因其南侧建有文艺复兴时期的威尼斯宫而得名。又因广场中建有白色大理石无名英雄纪念碑而著称于世。纪念碑为纪念意大利统一而建于1885年至1911年。虽名为纪念碑,实际上却是一个大型的大理石建筑,两侧为飞翔的天使。碑顶正中用拉丁文大书"祖国统一、人民自由"。当中的平台上高高地耸立着一尊威武骑士像,即是被意大利人称为国父的意大利开国国王埃曼努埃尔二世的铜像。铜像两侧有四座大理石雕像，自左至右分别代表"毅力"、"和平"、"牺牲"、"正义"。座基下即为为国捐躯的无名烈士墓。沿台阶拾级而上，可见两名士兵持枪肃立，两盏火炬长明不熄。意大利人多称之为"祖国祭坛"，每年国庆节期间皆在此举行纪念仪式。

广场北面有一个古希腊风格的图拉真圆柱，建于公元前110年，高43米，由29块大理石组成，中间通风透气，表面为描述安东尼大帝远征不列颠的精美浮雕，至今虽已历经2100多年风雨侵袭，图形仍清晰可见。在罗马城，类似的石柱甚多，几成一道特殊的风景线。

罗马古迹最集中的是在帝国大道的两侧。帝国元老院、爱神殿、贞女祠、凯旋门、特拉亚诺市场……虽然许多已成颓垣断壁，但气势之雄伟仍可见一斑。意国政又刻意保护，仍以原貌、原迹展示，向人们诉说着历史的沧桑。许多古建筑的遗址仍向游人开放、供人参观、凭吊，当然游人必须按指定的路线前进。仔细的观众可以发现路旁的许多石柱、石块都有编号，登记在案。

未来容易引起孩子们的向往，历史却最容易引起上了些年纪的人的遐想。我在恺撒庙的遗址捡了一块鸽蛋大小的石子，带了回来，也给它

标上了来历和日期，至今仍珍藏在我的书橱中。看到它便会引发思古之幽情，我想恺撒大帝也许见过它，或许上曾在上面踏过。

罗马古迹中最著名的是斗兽场，全称为科罗赛奥露天竞技场，据称是世界八大名胜之一，到罗马的游人没有不去参观的。在罗马叫出租车，你只要说"科罗赛奥"，司机就会把你送到斗兽场去。斗兽场建于公元一世纪，是罗马皇帝为纪念征服耶路撒冷，强迫四万名战俘和奴隶花了13年时间才建成的。斗兽场高57米，呈椭圆形，长轴188米，短轴155米，可容八万名观众。据说至今世界各国的运动场皆依此大致建在椭圆形。经过2000多年的风雨，如今大部分墙体皆已坍塌，但有一段，仍保留得较为完整，昔日之雄伟仍历历在目，进入场内，较完整的一侧仍可见有四层看台。台下有80个囚室，用于囚禁角斗之奴隶和猛兽。表演时有升降梯，将奴隶和猛兽提升上来。奴隶间相互角斗，或与狮虎搏斗。奴隶们或死于刀剑，或死于獠牙利爪，据记载，有3 000名奴隶，包括俘虏、罪犯等与5 000头狮虎曾在此进行过惨绝人寰的"表演"。

古建筑中保留最好的要算元老院宫，至今仍在作为罗马市政府办公处所在使用中。外墙虽已斑驳，但内部装修却十分现代化。保留完好而又原汁原味的要算建于公元二世纪的万神庙。万神庙又称潘提翁神殿，系奥古斯都大帝的女婿阿格里帕于公元前27年所建，后遭雷击损毁，现存仍是公元125年所重建者，至今亦已近1900年。整个建筑呈长方形，大厅圆形，直径与高度皆为43米，整个大厅无窗，但在圆拱形的顶部有直径9米的采光区，进入其中，仰视屋顶，有恢恢苍穹之感。万神庙现为意大利名人灵堂，开国国王埃曼努埃尔、名画家拉斐尔之墓皆在其中。画家之墓与国王墓同在一处，意大利人对艺术家的崇敬可见一斑了。

佛罗伦萨，艺术之都

从罗马乘快车北上，不需两小时便到了欧洲文艺复兴的摇篮——佛罗伦萨。佛罗伦萨在意大利语中为"花都"之意。它的城标便是一朵百合花。佛罗伦萨的花固然不少，但吸引人们的还是它的艺术品和它的艺术氛围。到达佛城的第一个参观点便是学院美术馆。美术馆在一条小街上，门前排着队，我们也加入其中，随着队伍缓缓进入第一展厅，著名的大卫像居中，整个展厅几乎都是米开朗基罗的作品。米开朗基罗是意

佛罗伦萨王宫广场上的大卫雕像

大利文艺复兴时期最著名的艺术家之一，生于佛罗伦萨，13岁起从师学艺，他26岁时起，花了三年的时间，完成了大卫像这件旷世绝作。大卫像由纯白大理石雕成，约为真人高的三倍。米开朗基罗锤下的大卫英俊勇武，充满理性与自信，精细到甚至手臂上的血管都清晰可见，令人感叹不已。

　　走出学院美术馆不远，便到了圣母百花教堂。这座教堂被称为世界第三大教堂。外立面由天然彩色大理石砌成。主调为灰白色，以绿色与红色大理石相嵌，十分别致又不失庄重。教堂圆拱形的屋顶与长方形的钟楼错落有序，每15分钟便有钟声响起，不大的佛罗伦萨便沉浸在一片钟声之中。

　　佛罗伦萨全市共有40多所博物馆和美术馆，收藏着大量文艺复兴时期的艺术珍品。西尼奥列广场，或称皇宫广场上建于13世纪、高94米属于旧皇宫的塔楼，为该市令人瞩目的建筑。广场上有著名的海神喷泉雕像。广场西侧的兰齐走廊，耸立着众多的雕像，几成户外雕塑展览馆。附近的乌菲兹美术馆在众多的美术馆中最为著名。所藏13至18世纪的绘画，包括拉斐尔的"圣母像"、提香的"佛罗那"、波提切利的"维纳斯的诞生"等都是世之珍宝。

阿尔诺河流经佛罗伦萨市,有河自然就有桥。佛罗伦萨最著名的桥称为老桥,为一座石结构的廊桥。桥上两侧建有楼房,高的达三层。为使桥面畅通无阻,桥上房屋的屋基一半临空,靠若干木桩支撑,颇为奇特。楼之底层对桥面的,多为出售金银首饰的店铺,故当地人亦称为金桥。老桥相传为诗人但丁与其情人贝亚特丽齐相遇并定情之处。

比萨,斜塔应无恙

比萨是一座小镇,可是却因有座斜而不倒的塔而闻名于世。比萨离佛罗伦萨不远,到佛罗伦萨的人没有不到比萨的。我们从佛罗伦萨乘火车西行,约一小时便到比萨。下得车来但见路边房屋不过两三层,路上汽车亦只三五辆,宁静得出奇。因为知道比萨并不大,所以便不雇车,

比萨大教堂的钟楼,斜塔

一路信步走来，忽然看到一个广告牌上面零乱地贴了许多底部剪成小纸条的招贴，内容有出售旧书的、卖牛仔裤的，还有选"校花"的等等。有意的人只需将招贴底部的小纸条撕下一条带走，按其上电话号码联络便了。这种招贴都是欧美大学校园里学生们的玩意儿，顿悟是走进大学校园了。一问，果然是比萨高等师范学校。这所大学的校园并不怎样美丽，主楼不过是一栋灰白色的大理石建筑，墙面上有些雕像。不过据说这里曾出过三位诺贝尔奖的获得者，两位意大利总理和一位财政部长也是该校的毕业生。这所已经有500多年历史的学校是意大利著名的学府。

从比萨高等师范学校的校园出来，比萨斜塔就在眼前了。一看挺直，不斜，心中正纳闷，等到穿过两条小巷，换个方向看，果然斜，而且斜得很。比萨斜塔是比萨大教堂的一座钟楼，为意大利著名的中世纪建筑。1174年破土动工，至1350年建成，费时174年。塔身8层，高56米，呈圆柱状，全部由大理石构成，造型颇为精巧。塔之顶层为钟楼，塔内有螺旋状楼梯294级，登顶可观全城风光。据记载，当塔建至第三层时已经发现因底层沉降不均而造成倾斜。曾设法补救，终未如愿。因此工程数度停顿，最后在倾斜的状态下完工。花了174年造了一个"斜"的"塔"。斜塔建成时，塔顶中心已距垂直中心2.1米，如今则已达5.2米。有趣的是塔斜而不倒，甚至1972年10月比萨发生地震，斜塔居然巍然屹立。消息传出，世人大感兴趣，竞相前来一赌"斜而不倒"之风采。就旅游业而言，真是名符其实的"歪打正着"了。不过近年意大利政府已经采取了许多措施，如在塔基北侧压上了许多铅块，第二、第三层绕上了许多钢绳，并于1990年1月起，停止游人登楼，以资保护。因为若再继续斜下去，终有一天是要倒的。据说我国有温州人某，曾致函意国政府称其有办法扶正斜塔云云。如今科技进步，信此君或有此法，但亦信意国政府必无此意，其理自明。

关于比萨斜塔还有一段科学佳话，据说意大利著名物理学家伽利略曾利用斜塔做自由落体试验，证明不同重量的两个物体从塔上自由下落的结果是同时着地，从而推翻了亚里士多德关于物体下落的速度与重量成正比的权威论断，建立了自由落体定律。学术界对此多不予置信，但伽利略是比萨人却属无疑，后人以此附会也未可知。

看罢斜塔，已是中午时分，于是进了一个比萨饼店。店堂不大，但甚清雅。做饼的烤炉便在店堂之中，师傅当众表演他的手艺，不一会儿香喷喷的比萨饼，便已摆在我们面前。想起在意大利中国游客中流传的一个笑话，说是马可波罗在中国看到中国人做馅饼，回国后却怎么也想不起来这馅子是怎么包进去的，只好铺在饼面上烤了，于是成了比萨饼。将其说与做饼师傅，可能意国人不谙英语，我们或许也表述不清，只落得大家相视一笑而已。

威尼斯，海上明珠

威尼斯是世界著名的旅游城市，在亚德里亚海威尼斯湾的西北部。游览区由大小118个岛屿组成，环绕这些岛屿的宽窄不一的水道长达45公里。其中大运河长3.2公里，宽37至70米，是穿过群岛的主要水道。威尼斯岛区不通车辆，只行舟楫。犹如公共汽车一样，公共汽船也分许多航线，沿途设站，以便上下。又有"水的"，则犹如出租汽车，可供租用，据说价格不菲。还有一种名为"贡多拉"的两头翘起的小船，专供游客乘以游览之用。贡多拉的船夫多为20至30岁的青年男子，白衬衫、黑马夹，头戴圆顶和有一根飘带的草帽，用一根长竹竿撑船。他们也上岸来招揽顾客，一样的穿戴、一样标致的小伙子，充满了青春气息，也成了

里阿托桥，莎士比亚《威尼斯商人》中曾有提及

威尼斯一道特殊的风景线。

　　威尼斯有桥400多座，形状各异，其中以大运河上的里阿托桥最为著名。里阿托桥建于1588年至1591年，为大理石独孔拱桥，长48米、宽22米、高7.5米，造型极为优美，桥上有许多精美的雕刻与高敞的拱廊，廊内开设了许多出售金银饰品与旅游纪念品的小店。里阿托桥附近曾作为欧洲的商业中心长达300年，莎士比亚的名剧《威尼斯商人》中曾提到过它，大旅行家马可波罗的故居亦在附近。乘公共汽船在大运河中兜了一圈，又游了里阿托桥，并在桥边作写生画一幅。不觉已到中午，导游将我们导入一条几乎仅能容一人一骑的小巷中，走几步就看到一家门口挂着两个大红灯笼的中餐馆。这家名为"杭州饭店"的中餐馆，主人是浙江温州人，据说已来此多年，经营尚称得法，生计足资维持。旅居意大利的华人中浙江温州一带的人士颇多，他们辛勤劳作、艰苦创业，大多已小有成就。

　　餐后走过几条小街，跨过几座小桥，眼前忽然开朗，到了圣马可广场。广场上群鸽觅食，咕咕之声不断。广场东端是圣马可教堂，是一座融罗马式与拜占庭式风格为一体的古建筑，曾被誉为"世界上最美的教堂"。圣马可教堂始建于公元829年。相传耶稣的大弟子、《马可福音》的作者圣马可死于埃及亚历山大城，公元828年两个威尼斯商人将其遗体偷运回来，建此教堂安放。公元976年被焚毁，现存建筑为1071年所重建者，至今亦已近千年。圣马可教堂俯视呈十字形，五个大穹隆圆顶十分壮观。教堂内部用镶金的各色大理石装饰，豪华典雅。数百年来，圣马可教堂收藏了大量的艺术品和宗教礼仪用品，使其也成了一个馆藏十分丰富的艺术馆。

　　圣马可教堂的南侧，沿海有一座由红白色大理石建成的执政官宫，为当年威尼斯执政官的官署，今已辟为博物馆，陈列着许多各个时代的兵器与文物，其中有一具带锁的铁制贞节带，更是中世纪野蛮的"铁证"。与执政官宫一河之隔的是当时的监狱，今则已供游人参观。执政官宫与监狱之间有一桥，呈封闭式，但有两个窗孔可向外窥视。据说当年执政官提审囚犯后，囚犯返回牢房时望着窗外的自由世界，只能发出无助的叹息，故此桥亦称叹息桥，是威尼斯重要景点之一。

　　水城威尼斯到处波光粼粼，沿河多四五层楼的建筑，窗台上鲜花绽放，门前多有自家的船码头，贡多拉驶过犁出一片浪花。入夜月光皎洁，桨声灯影中泛舟河上，那份静谧、那份安详，怎不令人流连忘返。

一周的访问很快就结束了，公务之余算是浮光掠影地看了一下意大利，对于它深沉的内涵，我们只是接触了一点皮毛。在回国的班机上心中念叨着的是米兰的大教堂、歌剧院，还有那波里民歌的产地、南方的那不勒斯、庞贝的废墟、还"活着的"维苏威火山……意大利真耐看。

英国

英国，故地重游

一条并不很宽的英吉利海峡，将英伦三岛与欧洲大陆分开。60多年前它阻挡了疯狂的德国法西斯。英国之所以能免于落入希特勒魔掌的原因，当然不仅仅是由于这条海峡，更重要的而是英国人举国上下同仇敌忾的抗敌精神、英国人的民族精神。

英国人喜欢他们自己的传统，连早餐都有英国式的、欧陆式的分别，尽管差别并不很大。英国自然是欧洲国家，但英国人更愿意人们只理解他们是英国。所以许多年来，对中国人来说一个申根签证可以遍游欧洲大陆，但却不能去到英国。英国是可以去的，不过要向英国当局专门申请。20多年前我即曾以访问学者的身份到英国去作过学术访问。

随着我国经济的发展，国人文化生活水平不断提高。走出国门看世界，已经是许多人共同的愿望了。埃菲尔铁塔、科隆大教堂、罗马斗兽场都看过了，人们期待着去看一看大本钟了。而英国也注意到中国人境外游的市场潜力，于是两国旅游部门签约，英国正式成了中国人境外游的目的地之一。

正当北京、上海的首发团筹备就绪之时，偏偏好事多磨，那年7月7日伦敦遭受恐怖袭击，而且英国警方宣称疑犯在逃，可能尚有爆炸装置尚未引爆云云，使赴英旅游人士的热情颇受影响。然而英国人历来是镇静的,当年希特勒大兵压境,丘吉尔先生不也总是面带微笑,口含雪茄,镇定自若地指挥着抗击法西斯的战争的嘛。这回也不例外,据说英国方面照旧筹备由安德鲁王子出面的、招待中国首发团的盛宴了。于是7月24日中国赴英旅游的首发团如期出发。我们一行被旅行社安排在7月26日出发的续发团了,虽是晚了两天,但距恐怖袭击尚不足三周,心中难免忐忑。但等到登机之后,看到满满一机的中外旅客大家都在向伦敦飞去,也就安定了不少。

苏霍、匹克底里,伦敦别来无恙

　　自上海浦东机场出发,飞行约11小时,当日当地时间下午5时许到达伦敦的希斯罗机场,顺利办完入境手续,便由当地旅行社派车接走。车行约50分钟到达伦敦苏霍区的中国城用晚餐。国外的中国城或称唐人街,在入口处大多有一个中国式的牌坊,伦敦的上书"伦敦华埠"四字。区内满是中文的店招、华人面孔、老广乡音。苏霍的唐人街乃至附近的匹克底里中心、特拉法加尔广场与20多年前的印象无二。甚至那家曾去冲印照片的小店与曾去吃饭的餐馆也都依然还是那样地开着,倒也引起许多怀旧的情思。要说变化,我觉得街上的人似乎比以前更多了,那热闹的劲儿当不下于上海南京路、西藏路口一带。餐后由车送到伦敦北区的温布里足球场附近的一家宾馆住宿。与我20多年前在伦敦住的旅馆相比,客房里多了烧开水的电水壶,电视里多了香港卫视凤凰台的华语节目。有茶喝,有华语电视节目看,自然是"宾至如归"了。

　　第二天清晨发现下雨,雨还不小。下雨对于旅游者来说自然是煞风景的事,但也只能备齐雨具随导游出发了。车过一地铁站,墙边放着许多花束,是为了悼念恐怖袭击中的死难者的。逝者已去,留给人们的是心底的伤痛。但是日子还是要过的,人们还要上班,地铁照样行驶,只是地铁站口多了几位警员罢了。

　　作为游览的景点,在伦敦,大本钟应数第一。大本钟有译为"大笨钟"的,建于1858年。为纪念负责此项工程的本杰明爵士而命名。钟盘直径6.7米,分针长4.27米,时针长2.75米,安装于议会大厦东首95米高的钟楼上,报时铿锵有力,余音绕梁。议会大厦西侧为著名的威斯敏斯特大教堂,华人则称之为西敏寺。大教堂始建于1050年,1245年重建,直到15世纪末方始竣工。数百年来几经修葺,成为英国哥特式建筑之典

伦敦的标志：大本钟

范。历来英王的加冕典礼以及王室成员的婚礼皆在其中举行。历任国王以及一些名人如牛顿、达尔文等的墓地亦在其中。可惜因为行色匆匆，未能入内参观。然后车至白金汉宫意欲观看卫兵换岗仪式，宫廷卫队身着红色礼服，头戴高耸的黑色熊皮帽，换岗之时有军乐伴奏，列队操演，是传统的观赏节目。可惜当日大雨，可能仅简单换了了事，我们到时只见一队卫兵身披黑色雨篷骑马离去，颇感遗憾。不过有女骑警英姿飒爽，并愿与游人合影，众人皆蜂拥而上。

　　白金汉宫，1703年为白金汉公爵所建，故名。1761年英王乔治三世购得。1825年起改为王宫。现为女王伊丽莎白二世的官邸。宫前门外有大广场，遍植花草，并有维多利亚女王座像纪念碑，游人多在此摄影留念。下午驱车前往泰晤士河上的塔桥。桥长200米，宽达百米。桥面上有高塔两座，塔内为博物馆，中部桥面可以吊起，以便大船通过，亦是伦敦的著名景点。桥侧北岸为伦敦塔，实为一座古堡，并曾作过监狱。英王爱德华五世即被谋杀于此。现为陈列皇家珍宝及兵器的博物馆。拍照毕，即去参观大英博物馆。大英博物馆又名大不列颠博物馆，是世界历史最久、规模最大、馆藏最多的博物馆之一。入得门来便可见大阅览室，呈圆形，可容千人。其书架即有两层楼高。据说，当年马克思在此写成《资本论》，考证下来，马克思确曾常来阅览，《资本论》是否在此写成，就不得而知了。大英博物馆中埃及、希腊、罗马艺术馆及东方艺术馆最为丰富多彩。

099

东方艺术馆中自然少不了中国之宝物，不过其中多为藏传佛教的艺术品。

伦敦的每一个角落都有着历史的痕迹，但伦敦又无处不发散着时代的气息。特拉法加尔广场上人头攒动，牛津街上商店林立，人们衣着时髦而讲究，酒馆里气氛温馨而斯文。伦敦是保守的也是进步的，单看它的公交工具就知道，红色的双层公共汽车数十年如一日地行驶在白厅大街上，而出租汽车除了黑色的外则多了色彩鲜艳的了。海德公园的自由讲坛还存在，但人们已经习惯在因特网上发表高见了。有人评说伦敦是古代与现代的完美结合，这话不假。

剑桥、约克，东线风光绚丽

离开伦敦取道东海岸线北上。车行两小时许便到了著名学府剑桥大学所在的剑桥。剑桥大学是与牛津大学齐名的英国两所世界著名的最高学府。始创于1209年，晚牛津大学数十年。事实上是牛津的部分学者因与当局意见不合，跑到剑桥来另起炉灶建成的。不过800年来剑桥大学却发出了耀眼的光辉。各学院美轮美奂的建筑，康河两岸如茵的绿草都不是剑桥的实质。正如我国一位著名的教育家所说"大学之谓大者，乃有大师之谓也"。剑桥的水土孕育了许多人类历史上最杰出的人物：文学巨匠弥尔顿、思想大师罗素、浪漫诗人拜伦、科学家牛顿、经济学家凯恩斯……

我辈生不逢时，没有机会到剑桥来研究学问，不过20年前却也曾得缘来一睹它的风采。三一学院附近水齐岸边的、静静的康河，河上飘过的木船，船上悠然的船夫……那份安静恬适成了20多年挥之不去的印象。想到剑桥，总是想到徐志摩的诗句："那河畔的金柳，是夕阳中的新娘，波光里的艳影，在我心头荡漾。"这回是故地重游，很想再重睹它优美宁静的风光。可惜康河是看到了，但水质好像不如以前，可能与最近下雨过多有关，一处河上还有些白色的泡沫，看来市政当局还得加紧清理才好。船也看到了，不过比以前多了。船夫也看到了，还是那种头戴草帽，身穿白衬衫、黑马夹挺精神的小伙子，不过他们都手拿康河的航行图、向游客兜生意了。转而一想，这是主动服务，你花几个英镑就可以乘他的船去体验康河的柔波，欣赏剑桥的美了，也实在是无可非议的事。因为时间有限，自然不能乘他的船，还是赶紧去看学校吧。大学是没有围墙的，学院却有大门，而且有人把守，原来要收门票了。门票能有多少收入？

剑桥大学的"数学桥",据说不用固定材料,全靠力学原理搭建

怕是藉以减少游人对学生学习的干扰吧。一想不对啊,学生放暑假了嘛。不管怎么说,限制入内,让一些游客多一份暇想也不坏。

徐志摩描写剑桥的诗中有一首写到:"我悄悄地来又悄悄地去……"在从剑桥开往约克的车中,我想,我们是:"我匆匆地来又匆匆地去……"

车行大约两小时到了约克。约克是英国中部的古城,北约克郡的首府。始建于公元一世纪末,至今古城墙仍在,雉堞、谯楼俱全,街道狭仄多弯,古朴之风犹存。如今知道约克的人不多,知道美国纽约的不少。纽约,新约克也。当时约克郡的人到了美洲登岸后,渐渐聚居在哈得逊河口,便将该地称为"新约克",以慰思乡之情。新约克,汉语音译即纽约。车到约克又逢大雨,然而大家游兴不减,穿过弯街小巷要去看那约克大教堂。约克大教堂建于约克逊时代,11至13世纪进行了大规模的增建,始成今日之规模。本堂西门左侧有大块花玻璃,据说为英国之宝。导游先生介绍说,二战期中德军飞机轰炸甚烈,当地居民乃写信给德国空军司令,说别的地方尽管炸,这教堂可别炸,炸坏了这块玻璃可了不得。后来果然德军守约云云。听来颇觉滑稽,不过记得多年前旅德时参观科隆大教堂,也被告知二战后期科隆市几被美军飞机夷为平地,而科隆大教堂却孑然独立,没听说有当地居民给美军写信的事,大致是欧美各国宗教信仰相似,无意损及教堂吧。

呢裙、风笛，苏格兰岂止如此

离开约克又匆匆向北赶路，夜宿泰恩河畔的纽卡斯尔，20多年前曾到过该地进行学术访问，天色渐黑又寒气逼人，便无心寻觅旧时的踪影了。

一夜无话，次日早餐之后便向爱丁堡方向而去。车行不久，便出了英格兰地界，来到苏格兰了。苏格兰曾是一个独立的王国，首府便在爱丁堡。1707年与英格兰合并后，苏格兰人还保留着许多他们的民族传统。所以提起苏格兰，人们便会想到男人穿的方格呢裙子，还有那悠扬的风笛。苏格兰的高山、丘陵、海岸、平原，还有那陈年的威士忌，造就了苏格兰人刚毅的个性，也造就了苏格兰人的聪明才智。苏格兰不仅有争取民族独立自由的英雄华伦斯，也有发明蒸汽机的瓦特、发明电话的贝尔、发现青霉素的佛莱明，还有著《国富论》的亚当·史密斯……

爱丁堡，"斜坡上的城堡"之意，城市亦因此而得名。为英国北部经济、文化中心。以王子大街分为南北两区，南为老城，北是新区。王子大街商业繁荣，车水马龙。人们衣着入时，并未看到穿呢裙的男士，那是他们的民族服装，节日才会穿着。王子大街北侧耸立着城堡山，海拔135米，三面峭壁，一面斜坡。沿斜坡拾级而上可达城堡。城堡前有广场，每年在此举行军乐会演。在广场附近的一家商店中看到会演时的照片，有一帧是戴着八一军徽的我国女兵。古城堡城楼上放着多尊大炮，城堡内则为陈列兵器与军服的博物馆。同时陈列的还有苏格兰王朝时期苏格兰王

苏格兰的爱丁堡

的皇冠和权杖。城堡内国王的寝宫、餐厅、兵营等皆可供人参观。可惜时间仓促，只能一走而过，未能细细体会它的古老与沧桑。

卡尔顿山在城堡山西南，山上有仿希腊巴特农神庙而建的国家独立纪念碑，是为纪念抗击拿破仑战争中为国捐躯将士的。登山眺望，爱丁堡市尽收眼底。

是夜宿于格拉斯哥，格拉斯哥是苏格兰最大的城市，瓦特的故乡。在市中心的乔治广场上建有瓦特像，以纪念这位现代工业文明的创始人。由于行程匆忙，未能前去拜谒。

离开格拉斯哥后沿西岸高速公路南下。一路上丘陵起伏，大片牧场。牧草或青或黄，黄的已经收割、打包准备作为牛羊冬季的饲料了。青的还任牛羊饱餐。苏格兰地区似乎羊更多于牛，并常见一种黑头的白羊，不知其名。英国的养羊业是著名的。圈地运动促成了养羊业的发展，毛纺工业亦是英国资本主义早期工业的支柱，至今英国呢绒仍以质优闻名于世，以至同行诸君皆争相购买羊毛围巾，带回国内以赠亲友。看着丘陵地带的牧场，觉得与高尔夫球场颇似，询诸导游先生，告曰：高尔夫球即发源于苏格兰，苏格兰水草肥沃，又无天敌，牧羊人无所事事，于是以木棒击石，比赛远近，逐步形成今日之高尔夫球运动。事实上苏格兰确是世界上高尔夫球场最多的地区之一。

湖畔诗人、莎士比亚，西线文化积淀丰厚

南行不久再度进入英格兰地区，先是看了一个叫做卡莱尔的城堡，造型简洁，陈设简陋。原来是当年英格兰人屯兵以防范苏格兰人侵扰之用。看罢卡莱尔城堡继续驱车南下。

邻近中午之时旅行车离开高速公路拐入乡间小道，不久在一名为wild boar（应译为"野猪"）的小旅馆门前停下，导游宣布下车吃饭。大家下得车来却见在花团锦簇之中一幢典型的英国乡村别墅式的小楼，就是那种在外墙壁上可以看到嵌在其中方形木梁的房屋。众人兴奋不已，纷纷拿出相机拍照留念，原来已经到了著名的旅游胜地湖区。湖区周围尽多此种小旅店。小店只能供应西餐，导游为大家点了炸鱼排，以使稍能适合国人的胃口。不过大家此时兴趣已在山水之间，对于所食如何，也就不置可否了。

湖区由大小20多个湖泊及附近的山峰构成，是英国最美丽的国家公

园。温德米尔湖最大,长17公里、宽2公里许,波平如镜,湖光山色。近旁的葛拉斯米尔湖则小巧玲珑,并盛产水仙花,是著名浪漫主义诗人华兹华斯的故里。被诗人称为"痛苦世界安宁的中心"。除华氏之外,还有他的妹妹多萝西以及柯勒律治和骚赛,他们曾常居此地,强调诗歌应该超越生活,追求理想,宣泄个人的情感。被文学史上称为"湖畔诗人"。湖光山色的灵气造就了湖畔诗人,也造就了英国浪漫主义的诗歌。可惜我们下车之处恰在温德米尔湖畔的一个游乐场附近,不免人声喧闹,又因时间安排急促,未能过多地沿湖漫步。湖畔如诗如画的宁静未能充分领略,只好稍留遗憾了。

是夜宿于英国中部工业重镇曼彻斯特。曼彻斯特以纺织工业著称,似乎亦如上海之纺织业不甚景气。不过该市是英国著名足球队"曼联"的根据地。据说每当球赛全城沸腾。幸而当日并无赛事,我们则乐得清静。

次日再南行到达小城斯坦福德。镇虽不大,却因是大文豪莎士比亚的故乡而名声在外。1564年4月23日莎翁诞生于小镇亨利街北侧的一栋木结构的双层小楼中。小楼至今犹存。楼上仍保留着莎翁的卧室、书桌及所使用的书籍。镇旁有小河名埃翁河或艾冯河、爱芳河、爱农河。田园风光美不胜收,莎翁生前经常在河边散步与沉吟。今则在河畔建有以莎翁命名的皇家歌剧院、图书馆和博物馆。莎翁死后亦安葬于河畔的圣三一教堂内。

莎士比亚故居,游人如织

午餐后继续南行，车行一小时许到达大学城牛津。牛津，牛之渡口也。在这个朴实无华的名称下，却造就了一个举世闻名的大学。与剑桥一样，应该说剑桥是承袭了牛津的体例，牛津大学亦是学院制。由于时间有限，只能参访其中著名的国王学院与三一学院了。国王学院建筑雄伟，颇有王者之风。不过入内参观亦需购票，又限于时间只好作罢。三一学院是日倒是免费开放，惜乎我们去时已经超过了开放参观的时间。与门房司事商议，允在门内拍照，亦算到过三一学院了。牛津大学，我在20多年前曾经访问过，庭院深深，墙上的爬山虎、地上的青苔无不显示其历史的厚重。此次旅游未得重温，颇以为憾。牛津有一条名为玉米市场街的步行街，踟躅其间却见不少打扮入时、甚至有些异类的青年。与林语堂先生在那篇"谈牛津"的文章中所述"戴方帽穿袈裟的学士在街上走，令人恍惚如置身另一世界"是大不同了。时代在前进，只要做好学问，管他穿戴干什么？

傍晚回伦敦住宿，途经一名为彼斯特的购物村，其中店铺皆以所售商品品牌为名。据说皆世界各地之著名品牌云云。导游则戏称为：名牌落难处。因其中所售之商品多有打折之事。西人讲商业诚信，绝非赝品。不过于我辈而言似乎也无多少吸引力。

玩偶、名画，温莎堡尽显皇家贵胄生活

英国游已近尾声。次日上午却安排了压轴戏，参观英国王室的温莎堡。提起温莎堡便会想到"爱美人不爱江山"的温莎公爵的佳话。其实那只不过是后来给予这位风流国王的一个封号而已。整个英国王室都可以称为温莎王室的。

温莎堡位于伦敦以西22英里的温莎镇的山冈上，邻近泰晤士河，占地约52 000平方米，全由花岗石建成，是英国王室的行宫，也是英国或世界王室所居的最大的城堡。温莎堡在11世纪威廉王时代开始建筑，初为木结构，至亨利一世时成为王室住地。19世纪经乔治四世与维多利亚女王时期大规模扩建，始成今日之规模。温莎堡是历史上一些英王出生和举行婚礼的地方，也是英王进行正式国务活动的场所。现女王与其亲属周末多在此度假，每年4~6月还常居于此。

可供游人参观的是城堡的东区。游人购票和经安全检查后方可依次进入。首先参观的是玛丽王后的玩偶宫。其中之陈列为20世纪20年代英

国王室的生活写照，不过已按10∶1比例缩微。人物高不过6英寸、约16厘米，书不大于1英寸、约2.5厘米见方。1英寸、约3厘米高的酒瓶中存封了当时的各种佳酿，两部微型电梯可以开动，如麦秆粗细的水管可向厨房提供热水。整个陈列精致无比。据说是由1 500名艺术家与能工巧匠通力制成，为英国的国宝。接着参观国王和女王的觐见厅、餐厅、舞厅等，无不精美绝伦。滑铁卢厅陈列各式武器，包括拿破仑和二战日本投降时交出的军刀。圣乔治厅陈列皇家收藏的名画和珍宝。包括拉斐尔、达文西与米凯朗琪罗等的传世之作。登高远望可见附近的霍姆公园和温莎公园。附近的伊顿公学专为培养贵族男孩而设，现时的日本明仁天皇幼时亦曾就读于此。温莎堡中亦有身着红色礼服、头戴高耸黑色熊皮帽的卫士，自然亦是众游客争相与之合影的对象。

  在温莎镇上用过午餐即驱车前往希思罗机场，仍搭乘维真公司的班机打道回府了。不过飞机晚到两小时，登机后又迟发一小时，自然多了些微词。

  英国是一个古老又现代的国家，绚丽的自然风光与深厚的人文精神完美结合。作为旅游目的地，可圈可点之处甚多。此次"全景游"虽是由南而北、由东及西、城市乡村、大学古堡、山区湖泊、名人故居走了一圈，终是行色匆匆、浮光掠影、走马看花而已。当然，终究是一段美好的行程，将永留记忆之中。

土耳其
横跨欧亚之千年古都

伊斯坦布尔实在是一个奇特的城市。它的历史可以追溯到2670年前，它的地域横跨欧亚两洲。

我们一个远房兄弟的地方

伊斯坦布尔是土耳其共和国的第一大城。土耳其是"突厥"的转音。突厥民族在我国西北地区曾长期与中华民族为邻。唐汉时期的多次战争，迫使突厥民族的一部分，即东突厥人，一路向西迁移，直至小亚细亚定居下来，成为今日土耳其之国之民。

吾友王川先生在他的著作《艺术地图》一书中称土耳其人为"我们的一个远房兄弟"。我还真是有缘体会了一回。我们那次访问伊斯坦布尔的导游兼翻译是一位当地华人，汉族，原居新疆乌鲁木齐市，为新疆农业科学院的工作人员。其妻为土耳其人，当年来新疆医学院留学时与其相识、相爱终或眷属。其后随妻学成回国而来伊斯坦布尔定居。当询及语言时则告曰：土耳其语与维吾尔语同，彼在国内时即能操维语，故无障碍，只是土耳其用拼音字母书写，学来不难云云。

公元前660年希腊城邦之一的迈加拉人来今伊斯坦布尔附近建城，

名拜占提翁，拉丁名为拜占庭。此时的拜占庭事实上只是迈加拉的一个附属殖民城市，故未显重要。直到公元330年罗马帝国的图拉真皇帝君士坦丁将其收入罗马帝国版图，并更名为君士坦丁堡。公元395年罗马帝国分裂为东西两部，君士坦丁堡成了东罗马帝国的首都。公元476年西罗马帝国亡于蛮族入侵后，东罗马帝国的国祚在君士坦丁堡这块福地却奇迹般地延续了一千年，直到1453年落入奥斯曼土耳其人之手，被改称伊斯坦布尔。奥斯曼帝国曾盛极一时，其疆域跨欧、亚、非三洲，这庞大帝国的首都仍在伊斯坦布尔。伊斯坦布尔作为国都的地位见证了奥斯曼帝国的兴衰。直到1923年土耳其共和国成立，迁都安卡拉为止，从东罗马帝国到奥斯曼帝国，伊斯坦布尔作为国都长达1500多年之久，世界各国的古都难有望其项背者。

土耳其共和国地跨欧亚两洲，当然绝大部分、约占97%的国土是在亚洲的小亚细亚半岛上，只约3%的领土是在欧洲的巴尔干半岛东南角。然而却正是这3%的国土，却让欧亚两洲间之马尔马他海成了土耳其之内湖，马尔马他海与黑海间的博斯普鲁斯海峡、与地中海之间的达达尼尔海峡亦完全由土耳其掌控，这样一来，犹如土耳其守住了黑海的大门。正因为如此，沙皇俄国曾多次发动针对土耳其的战争，意在夺取黑海之出海口。由于英法之协同封阻，折损生灵无数，直至俄国十月革命，沙皇仍未能如愿。而地跨博斯普鲁斯海峡两岸的伊斯坦布尔市则成了名符其实的跨欧亚两洲之城市。

"牛渡"博斯普鲁斯海峡

伊斯坦布尔市横跨博斯普鲁斯海峡两岸。博斯普鲁斯为希腊语"牛渡"之意。传说众神之王宙斯曾化为一头公牛驮着一位公主游过此地，因而得名。博斯普鲁斯海峡长30.4公里，最宽处3.6公里，最窄处708米。水深27.5米至120米不等。两岸多峭壁，分属欧亚两洲。由于扼黑海出海口，又联结欧亚两洲，故历来为兵家必争之地。海峡两岸悬崖之上多古堡，伊斯坦布尔市区部分则多高楼，更有点点红顶别墅嵌于绿树丛中。人造与天成、亘古与摩登交相辉映，景色宜人。我们曾乘游船缓缓驶过，两岸景色尽收眼底。

博斯普鲁斯海峡上于1973年建成一洲际公路大桥，长1 560米，宽33米，高出水面64米，桥之两端为"门"字形桥塔，高达165米，悬索粗56厘米，建成时为世界第四、欧洲第一大悬索桥。大桥宛如长虹横跨于欧亚之间，桥面可容六车并行。由于交通繁忙，桥面拥阻，1988年又建成海峡第二大桥，桥长1090米，宽34.3米，辟八车道。此桥以奥斯曼帝国攻占君士坦丁堡时苏丹法蒂赫之名命名。建成时为世界第六大桥。两桥相辉映，天堑变通途。宙斯今若在，必叹不如人。

红庙与蓝庙

自1453年君士坦丁堡为奥斯曼土耳其人攻占并改称伊斯坦布尔以来至今已近650年，而且奥斯曼帝国曾经在很长的一段时间内国力强盛、经济发展。作为伊斯兰世界的中心，伊斯坦布尔曾经建立了大量的清真寺。据说伊斯坦布尔至今仍有清真寺约450座，其中最著名的当数圣索菲亚教堂与苏丹艾哈迈德清真寺。

圣索菲亚教堂，从名称看便知应是天主教堂。果然，该教堂的历史可以追溯到公元前326年，为罗马君士坦丁皇帝所建，其后几经兴废。现存建筑是公元6世纪东罗马帝国查士丁尼时所建，据说所用石料等皆由罗马、雅典等地运来，整个工程历时七年，耗资巨大。教堂主体呈长方形，室内面积约7 500平方米，中心大厅圆顶最高处高55米，直径33米，四周由四根各高24.3米的巨柱支撑。教堂外观宏伟，作朱红之色，而内部装饰豪华，尤以拜占庭时期之马赛克壁画最具特色。教堂建成于公元537年，成为当时世界最大的天主教堂，亦是东罗马帝国留给世人最尊贵的建筑艺术遗产。据说建成后查士丁尼大帝进入时曾情不自禁地说："感

圣索菲亚大教堂——红庙

谢上帝选择我来完成这个伟业,让我超过了所罗门。"

圣索菲亚教堂伴随着东罗马帝国度过了它由盛至衰的千年。1453年随着奥斯曼帝国第7位苏丹、年轻的穆罕默德二世率领的20万骑兵、300艘战舰以及乌尔班大炮压境,千年帝国轰然倒塌。圣索菲亚教堂甚至也是穆罕默德二世的目标之一。当奥斯曼军队血洗君士坦丁堡之时,穆罕默德二世进入了他曾日夜向往的圣索菲亚教堂。伊斯兰教认为唯有真主才能创造人与动物,人不应创造偶像,故穆罕默德二世命令搬出所有雕塑,并用灰浆覆盖了壁画。在外又加建了四座尖塔,将一座天主教堂改成了清真寺,并改名为"阿亚索菲亚"清真寺。

这样又过了近500年,1935年土耳其总统凯末尔将其改为军事博物馆,并恢复了其内精美的壁画供人参观,而名称却仍恢复为圣索菲亚教堂,以存历史。

随着奥斯曼帝国的强大,土耳其人自然觉得应该有他们自己的传世清真寺。1609年苏丹艾哈迈德决定在阿亚索菲亚清真寺附近再建一大型清真寺。历时七年建成后的清真寺由一个大圆顶与四个小圆顶组成,大厅可容3 500人同时礼拜。寺内虽无雕塑、壁画,但地面铺满紫红色地毯,壁上则嵌满蓝色瓷砖。2万多块蓝色瓷砖拼成的图案显示了奥斯曼文化的特色,更使大厅内充满安详、静谧的气氛。

清真寺旁都建有尖塔,名宣礼塔,是为召呼民众礼拜之用。一般清真寺至多为四座宣礼塔,而此处则有六座。据说宣礼塔数目代表该清真寺的级别,此清真寺以创建者苏丹艾哈迈德之名命名,信为皇家清真寺,自然级别最高。苏丹艾哈迈德清真寺之外墙亦作淡蓝色,俗称蓝色清真寺。

有六座宣礼塔的蓝庙

而中国游客则称之为蓝庙,并顺便亦将圣索菲亚教堂称之为红庙。一红一蓝两座东罗马帝国与奥斯曼帝国的建筑代表作,确实为人类文明之杰作。感谢1 500多年前的查士丁尼大帝与500年前的艾哈迈德大帝留下如此精美的建筑,当日参观游览之时亦曾情不自禁画下两幅速写,以为纪念。

逛罢大巴扎再看肚皮舞

伊斯坦布尔的老城区在博斯普鲁斯海峡西侧的欧洲部分、黄金角及其南部,其街道起伏,多窄小。而两侧餐饮店家亦如欧洲其他城市一般,陈桌椅于街边廊下,一小杯咖啡或红茶,人们悠闲地坐而论道,幸而此类道路多不通行车辆,稍见拥塞,反觉温馨。

老城区有火车站,站外并有一老式蒸汽机火车头停于路旁,通体漆作黑色,墙上有铜牌说明此即当年"东方快车"所用之机车。19世纪航空业未兴之时,欧洲国际交通多赖火车。"东方快车"装饰豪华,服务周全,成各国政要、绅士名媛旅行之爱,欧洲文艺作品中多有涉及。及航空业兴起,"东方快车"渐少问津,乃至逐步停运。伊斯坦布尔为其运行之终点,乃在此保留一车头,以为终极之纪念。

大巴扎是游人必到之处,是一个大型的室内市场,占地3万平方米,有商铺4 000余家,创建于1461年,应是奥斯曼帝国占领伊斯坦布尔不久,距今500余年。大巴扎的经营形式应是如今欧美各国"幕"的先驱了。市场商品丰富,应有尽有,每天人如潮涌,据说其内尚设有多家客栈,以供各国、各地商人之用。在琳琅满目的商品中,游客的兴趣不同,所见自然也不相同。崇尚时髦者多见欧洲名牌商品;爱淘便宜货者见到许多"中国制造";我等皆多瞩目伊斯兰风格物品,终于未能免俗,亦买了一对铜质花瓶以以为纪念。

漫步城区可见多处城墙遗址,城墙护卫城市之用,印证了此处乃兵家必争之地之说。城下一隅,一售冰淇淋老者,推一车,以一甚长之铁杵不断搅动,有购买者则在铁杵之头部从搅动之桶中取出冰淇淋在顾客眼前晃过,如此凡三,才将冰淇淋交与顾客,自是打趣行为。唯不知其所售冰淇淋何以需要不断搅动? 或许也只是招徕顾客的"作秀"罢了。多年后在上海世博会土耳其馆出口处,亦见有售土耳其冰淇淋者,亦是一老者,其售卖之法一复如故。始信此为土国特色。

穆斯林妇女多用头巾包头遮面,但各地之严实程度不同。土耳其妇女则比较开放,遮盖多为象征性。土耳其流行一种"肚皮舞",舞者多为年轻女性,舞时以薄纱遮面,而露出极能传神之双目。她们衣衫单薄并裸露腹部,舞时全身扭动而肚皮亦能快速抖动,据称非经"肚皮舞学校"训练,难有此功。是晚,旅行团安排至一夜总会欣赏肚皮舞,在灯光乐声帮衬之下更见妖媚。

是日晚间该夜总会之宾客满堂,而且安排各国游客分别各坐一区,所坐之桌一端则插该国国旗,一眼望去,中国人、日本人、法国人、美国人、以色列人等一览无余,似乎是联合国开会一般。肚皮舞间隙,主持人出场,是一个高大的、满脸堆笑的中年男子,他看人说话,见到中国人不会误认成日本人,因为五星旗便插在我们面前。见到中国人说中国话,当然是:你好、欢迎、来一个、好吗之类。中国人与日本人的团大、人多,坐在前面,他先鼓动日本人上台唱歌,结果日本人扭捏了好一会才派了个小伙子上去唱首"萨可拉",等到快要唱完之时才又上去几个人帮腔。我们估计下面必定会叫中国人唱,心想不能输给日本人,于是赶紧准备。果然,日本人刚唱完,那主持人便说:中国人来一个。话音刚落,团里一个叫科科的、胖胖的大女孩和几个小青年已经跳了上去,大叫"来个茉莉花",中国人爽气,欧美的游客都鼓起掌来。歌其实唱得不怎么样,不过显然比日本人有面子,大家好生高兴。

伊斯坦布尔的古城墙,尽显沧桑

加拿大
枫叶与冰雪的国度

　　加拿大给予人们的印象一是枫叶，他们的国旗上就是一个大枫叶，枫叶不同于其他树叶之处便在于一到秋季它就变成了红色。人说"红花绿叶"，偏这枫叶秋风一起，它的叶绿素就变成了叶黄素、叶红素，于是枫树成林之处，便是一片火红。不过若是没有亲见，则恐难想象那层林尽染的阵势。而另一印象则必是冰天雪地，加拿大国土辽阔，但其位置在北美洲北部，大片国土处于寒带苔原气候下，冬季漫长，而且多大雪纷飞之天气，故有冰雪之国之称。据气象记录，甚至有零下60度之严寒。国人亲历者固少，但一提到加拿大，恐便会浮现人们在冰天雪地中滑雪的景象。

西海岸的两座花园城市

　　虽说加拿大被称为冰雪之国，但其南部邻近美国的一个狭长的地带，气候亦甚温润，尤其是太平洋沿岸的不列颠哥伦比亚省，由于太平洋暖流的影响，气温较高、雨量亦大。尤其该省南部地区真可谓是"北国江南"了。

温哥华，最适合人居住的城市

不列颠哥伦比亚省得名于该地为纪念哥伦布而命名的哥伦比亚河，不列颠哥伦比亚即英属哥伦比亚之意。该省为加拿大最西部的省份，面积约94.5万平方公里，人口约410多万，但多集中于南部的温哥华等地。

温哥华得名于一位名叫乔治·温哥华的船长。这位船长可真是一位了不起的航海家，他13岁便参加了英国著名探险家库克所领导的环球航行，积累了丰富的航海经验。长大后任职于英国海军部。1792年奉命率舰探测太平洋东北之海上通道，6月，他们驶入一处狭长的港湾。海湾的南岸有一片长满松树的开阔地。他们便在此落脚，为了绘制北美西岸海图，在此地的原始森林中，他们辛苦工作了三年。温哥华船长离去之后，当地的印第安人仍然在此过着他们的渔猎生活，只是偶尔有白种人来此做些以物易物的皮毛生意而已。1862年有欧洲人来此居住，并建立了小型锯木工场，逐步在海湾南岸形成了一个名叫格兰维尔的小镇，两年后有一艘载满原木的船开出，揭开了此地作为海港的历史。1886年为纪念温哥华船长的功绩，格兰维尔更名为温哥华。其时的温哥华亦只是一个人口约2 000人的小镇而已。次年，横贯加拿大的太平洋铁路修到此处，便捷的交通使此处变成了加拿大中西部的出海口。而且温哥华港终年不冻，尤其巴拿马运河开通之后，加拿大中西部与欧洲之间的货运由温哥华出入更为方便。从此温哥华人口骤增。如今包括郊区及附近城镇的大温哥华市有人口210万，为加拿大第三大城。温哥华为加拿大第一大港，亦是加拿大太平洋岸的工商、金融、文化中心。

温哥华是加拿大著名游览胜地。温哥华依山傍水，受太平洋暖流的影响，四季如春。冬季气温最低不过0摄氏度左右，盛夏21、22摄氏度而已。终年碧波荡漾、草嫩花香。市内有高岗起伏，房舍、街道依势而建，其间留出大片绿地辟为公园。据统计，温哥华有公园150多处，其中有些甚至古木参天，落叶遍地，松鼠出没，人处其间尽显与自然之和谐。除市中心鳞次栉比的高楼外，民居多为英式小楼，但造型各异，颇具个性，尤其该市市民多喜花草，堂前屋后皆修剪整齐之草坪、精心养护之花坛，使全市犹如大公园。温哥华曾被联合国有关机构评为"最适合人居"的城市。加以该国良好的社会保障，无怪乎近年已成亚洲移民心目中的天堂。

温哥华市中心临巴拉德湾有一加拿大广场。1986年为纪念温哥华建市100周年，世界博览会在此举行。今则留有五星级酒店、国际会议中心、巨型影院等建筑。最引人注目者为五帆饭店，该饭店濒临巴拉德湾，造型完全犹如一艘大型邮轮，其顶部设五个巨型白帆，与碧海蓝天相映，使整个建筑好像是一艘巨轮在海上乘风破浪，已成温哥华的标志。

煤气镇、蒸汽钟与狮门桥

加拿大广场东去不远有一盖斯镇，区内街道较为窄小，甚至有上海人称"弹格路"的鹅卵石路；建筑亦显古旧，多维多利亚时期木屋。欧风甚浓。此地为温哥华市发祥之地。相传1867年，当时此地还是一锯木小镇，有一叫杰克的人，来此开设一小酒馆，大受拓荒者的欢迎。加以此人人缘极好，渐成一公众人物。杰克善言词，遂有"话匣子"之雅号。英语"话匣子"一词为gassy，亦有"充气的"含意，恰与我国人"吹牛"之意暗合。西方人有以人名命名地方的习惯，一如将格兰维尔改为温哥华以纪念温哥华船长一样，该社区居民为纪念这位杰克先生，却用了杰克的雅号gassy为社区名。并在该区入口的枫树广场处，塑了一尊杰克先生的铜像，不过铜像的座基却是一个啤酒桶，以显示其酒店老板的身份。西方人的幽默固然有趣。不过华人亦有华人的趣事，gassy与gas音近，

温哥华煤气镇的蒸汽钟，世界独一无二

加拿大温哥华煤气镇
蒸汽钟　东铮
2010.10.2.

而gas即烧饭用的煤气,故华人多称此处为煤气镇,其实此盖斯非那盖斯、浑身不搭界的。

"煤气镇"虽与煤气无关,蒸汽钟倒确实是蒸汽发动的。蒸汽钟在盖斯镇的一个十字街口的人行道上,高两米余,重两吨多,不用发条,不通电流,全赖蒸汽驱动,报时报刻,除钟声宏亮之外,顶部的五个出气管喷出股股蒸汽,以致白雾缭绕,甚为奇特。以蒸汽为动力之钟,别处闻所未闻,恐是独此一家、别无分出。

温哥华公园中之最大者为斯坦利公园,面积达400万平方米,亦为北美最大的城市公园。园内有迷失湖、九点炮、玫瑰园等景点,不过在整个如繁花似锦的城市中也就不显突出了。不过,其中的图腾柱倒是值得一看,图腾柱为印第安人用于祭祀、纪念,或表示欢庆、哀伤的一种木柱。斯坦利公园中的图腾柱以整株树干雕成,再涂以颜色。雄浑拙朴,极具印第安特色。园之北端,称普罗斯佩克特角,为公园之最高点。登临可望北岸远处之雪峰山顶、近处之狮门桥。狮门桥建于1938年,长1 300米,高108米,是加拿大也是目前世界最长悬索桥之一。狮门桥于

温哥华斯坦利公园印第安图腾柱

1939年启用后沟通了市中心与巴拉德湾北岸地区，促成了北岸的开发。

巴德拉湾北岸西部称西温哥华，简称"西温"，多为富有者所居——北岸东部称"北温"，为中产者喜爱居住之区。居民区不外市场、教堂、诊所、学校之类，不多赘述。唯"北温"有一皮卡拉诺吊桥，原为1889年印第安人所建，后经改建，长137米，距谷底70米，高悬于皮卡拉诺河谷之上，为如今世界最长之吊桥。登桥自不免摇晃，乃为年轻人喜爱之处。

维多利亚的英国风

温哥华在太平洋沿岸，但却并不直接面对太平洋，因其西有一岛为屏障，该岛亦为纪念温哥华船长而名为温哥华岛。温哥华市与温哥华岛之间为佐治亚海峡。自温哥华的查温森码头至温哥华岛上维多利亚市的谢华茨湾，38公里海程，跨海轮渡只需1.5小时即可到达。佐治亚海峡风平浪静，当年梁启超至此，曾记曰："两岸青山如迎如送，山皆秀丽，灌木如荞。"

温哥华岛面积约3.17万平方公里，略似我国之台湾岛，为北美太平洋岸最大岛屿。岛上沟壑纵横、森林密布，农业、渔业、木业及旅游业俱甚发达。旅游节目中以海上观鲸最受欢迎，每年有约1.7万头灰鲸自阿拉斯加南下产仔，回游路线距岛甚近，故3月至8月岛上有观鲸船出发观鲸。岛之南端有以英女皇之名命名的维多利亚市，为不列颠哥伦比亚省之省会，为全省政治中心。

各国之国界多以山川形成自然疆界，有成直线的，多为依据条约所定。美、加之间陆上分界为北纬49度线。缘于1812年的英美之战，其时美国独立后国势日盛，对加拿大颇有垂涎，而英国亦欲报复美国，终于酿成战争，结果两国未分胜负，但划定了美、加之间的疆界。维多利亚在温哥华岛上不受北纬49度线之限，而突入线之南。虽加拿大东部安大略省在五大湖区的领土纬度更低。但维多利亚因受太平洋暖流的影响，乃成全国气温最高的城市。

维多利亚市发端于哈德逊公司的英国皮毛商，自成为不列颠哥伦比亚省省会后，大批英国官员迁入，带来浓厚的英国气息。其后温哥华兴起，金融、工商等机构多迁温哥华，而维多利亚则得以保留英国传统小城的格调。维多利亚至今市区人口只7万，连同郊区合计亦只30万人而已。该城议会立法禁建高楼和努力保留旧时建筑。维多利亚气候温暖湿润,太平洋暖流带来的和风细雨,极有利于花木之生长,故市内花木繁盛,处处花坛蜂蝶飞舞、家家窗前鲜花争艳,全城宛如一个大花园。行走在花团锦簇的大街上,不经意间,可以见红色双层公共汽车、旧式叮当作响的观光马车,令人有在英伦某地之感。该市为增强此种氛围,更在该市码头附近建伦敦皇家蜡像馆、兰普森街上还有仿莎士比亚故居等建筑,使维多利亚成为北美英国气息最浓郁的城市。

  小城维多利亚最引人瞩目的建筑当属州议会大厦,州议会大厦在市中心的贝尔维尔街,为一大型的维多利亚建筑,全部用长石与花岗石建成。大厦由青铜大圆顶的主楼与东西侧楼构成,形象庄严雄伟。其前有大片草地,草地入口处为头戴皇冠、手持权杖的维多利亚女王铜像。草坪西南角有韩战纪念碑,为纪念朝鲜战争中战死之加拿大军人。省议会大厦西侧有不列颠哥伦比亚博物馆,展出该地由荒原至城市的发展史。不远处港口附近有帝后饭店,为一青铜顶的宫殿式建筑,建成于1905年,至今已百余年。门前有大片草地,墙上爬满攀援植物,春绿秋红,尽显瑰丽。

  布查特花园,加国园艺之冠

  维多利亚市有雷鸟公园、水晶花园等许多公园供人游览。但在城市即公园的维多利亚市已难引发游客之游兴。然而位于北郊约20公里处之布查特花园却游人如织。

  布查特花园在一废弃的采石场中建成,园主布查特夫人即该采石场之女主人,布查特夫人酷爱园艺,初时只是在自家周围种些花草,引得邻居赞叹。其后发动亲友收集各种花草,扩大种植,大获成功。布查特先生亦为所动,乃斥巨资购进肥土万吨,填入采完石灰石的矿坑之中,使成花床,复购进大量奇花异草,种入其中,矿坑深处则注入清水,四壁石缝中种入常青藤、爬山虎等攀援植物,再辅以人工筑成之花径小溪、瀑布喷泉、山坡房舍,经数十年之努力,乃成今日之规模。

  布查特花园占地20公顷,其中又分英国玫瑰园、日本庭院、意大利花园及下沉式花园等部。下沉式花园即旧矿坑改建而成,游客可以居高临下一览无余。但见远山深谷前百花齐放,曲径通幽处群芳争艳。人人园中犹陷花之海洋,无不心旷神怡,一切烦恼尽失。

  布查特花园居加拿大园艺之冠,其规模、其丰富、其精致皆世所罕见,欧亚美非各国众多花园,恐皆难望其项背。

维多利亚的布查特花园

安大略省风光无限

认识安大略

加拿大位于北美洲北部,东临大西洋,西达太平洋,横跨5 500公里,南北亦达4 600公里。面积仅次于俄罗斯而居世界第二。不过加拿大地广人稀,人口仅3 242万,每平方公里仅约三人,为世界上人口密度最稀少的国家之一。加拿大人口多集中于南部邻近美国的狭长地带,尤以东南部地区为最。

美洲大陆原是印第安人的家园,据考证印第安人原是亚洲东北部的人种,约在一万至一万五千年前通过冰封的白令海峡到了美洲,并逐步南迁,以致散落美洲各地。印第安人在美洲以渔猎为生,与欧亚各地不通信息、互不往来。15世纪哥伦布"发现"新大陆,是"欧洲中心论"的观点,其实,美洲大陆早已有人类在那里休养生息。即使说欧洲人,有考古学家发现,古挪威人可能在一千年前,便亦已到达了北美东岸,不过缺了些文字记载和更多的实证罢了。

哥伦布发现新大陆带回大量的金银珠宝后，欧洲各航海大国纷纷跨过大西洋，争相向美洲进发。他们必定先在美洲大陆东岸登陆，立足稳定之后再逐步向内陆进展。大致上西班牙、葡萄牙人向中南美洲、即今日所称之拉丁美洲伸出掠夺之手，西班牙人势力所及直达今日美国南部地区。荷兰人则在如今美国东北地区、法国人在今加拿大东部地区先以贸易为名，逐步行殖民之实。而英国则后来居上，紧随荷兰人、法国人而来，几经争斗，逐步取而代之。这在加拿大东部地区的发展史中，尤为典型，影响所及，至今仍有余波。

1535年法国探险家卡蒂埃带船驶入圣劳伦斯河并沿河上溯，深入内地。1605年法国人尚普兰在今加拿大新斯科舍省等地开辟了定居点。三年后建立了魁北克城，并向周围扩展，建立了一片殖民地，称之为新法兰西。其后英国势力日盛，逐步染指法国殖民地。终于两国爆发战争，交战七年，法国败北，1763年法国割让全部北美领地，从此加拿大地区为英国独家所占。美国独立后，大批效忠英国皇室的保皇党人士北迁，加拿大地区英裔居民骤增。他们一部分居于今之新不伦瑞克省，一部分即居今安大略省地区。1791年英国政府将以法裔居民为主的地区称"下加拿大"，将以英裔居民为主的地区称"上加拿大"，形成如今加拿大魁北克省与安大略省的大致轮廓。

北美洲的五大湖是世界最大的淡水湖区，其淡水贮量占全球的20%，让这一地区尽收渔农、航运之利。在此基础上，工商经济亦得发展，为北美富庶之区。1813年美英战争后所划疆界主要在这一区域，五大湖水域60%属美，40%归英（即今之加拿大）。苏必利尔湖、休伦湖、伊利湖及安大略湖之北岸皆归于英。休伦湖、伊利湖及安大略湖略呈弧形排列，所包围之陆地，称大湖半岛，即今加拿大安大略省精华所在之地。安大略省北起哈德逊湾，南至大湖区，虽在面积上次于魁北克省而居第二，但人口有1 200多万，占全国的3/8，不过90%的人口都集中于南部地区。加国首都渥太华、第一大城多伦多皆在此处，闻名遐迩的尼亚加拉瀑布、千岛湖旅游区等亦在此处。

和谐之都渥太华

加拿大地区的发展历程，从殖民者的入侵来说是先法、后英，七年战争之后，法国政府虽然退出加拿大，但大量的法裔移民仍留在殖民地，讲法语，并形成他们自己的社区。其后英裔移民日渐增多，并挟政治优势，两族裔人士常不和谐。即以首府的选择而言亦是争纷不断。英语区的多伦多、金斯敦，法语区的魁北克、蒙特利尔皆曾作过首府。不过这样轮流坐庄，终非长久之计，于是1858年英国维多利亚女皇钦定以两语言区交汇处的渥太华为首府。1867年加拿大成立自治领，渥太华遂作自治领之首都。1931年加拿大在英联邦内独立，仍以渥太华为首都至今。

渥太华河是法语区的魁北克省与英语区的安大略省界河，19世纪初有移民在河之一处建一伐木小镇，河北属魁北克的称为赫尔，河南属安大略的称为渥太华。此地自被选为首府后得到了迅速的发展。1969年加拿大政府为进一步推进两族裔之和谐，在划定首都区域时，索性将河北的赫尔市划入渥太华市作为首都的一个部分。以致形成一国首都跨两省、两个语区的特色。不仅在行政区的划分上如此，英语、法语皆为加拿大国语，尤其在渥太华，一般居民皆能操两种语言，若要担任政府公职，则能操英、法两语是必备条件。渥太华有两种文字的报纸，两种语言的广播台、电视台。公众集会、机场广播等同样的内容先用法语讲述，再用英语复述。两个民族不同的传统和文化都得到了尊重。渥太华堪称民族和谐的楷模。

郁金香之都渥太华

渥太华市被渥太华河与里多运河呈丁字形分割，横为渥太华河，河北为赫尔市，河南竖着里多运河，河西称上城，多英裔居民，河东称下城，多法裔居民。议会山在上城区，一个不甚高的山冈上建有一座大型新哥特式建筑，为加拿大最高权力机构国家议会之所在地。议会大厦正面中央高90米，称和平塔，顶部为钟楼，内置53座铜钟，最大的重达11吨，每当报时之时钟声响彻全城。大厦之两翼为参、众两院所在地，皆开放供公众参观。议会大厦前有大草坪，每当夏季上午10时，有着猩红制服、戴黑熊皮高帽的卫队换岗，一如伦敦的百金汉宫，行礼如仪。入秋，议会大厦山冈周围枫叶红遍，与高耸的和平塔、古色古香的议会大厦在蓝天白云衬托之下交相辉映，美不胜收。

加拿大皇家造币厂在下城区。生产手工制作的各种纪念币、纪念章、奖牌等等。每年按中国的生肖生产有鸡、猴、马、兔等图形的纪念币。加国对各种文化的包容，可见一斑。造币厂之展厅可供游人参观、购物。圣母马利亚教堂与造币厂同在萨赛克斯路上，有着两座对称尖塔的哥特式天主教堂，尖塔外包黄铜，夕阳下闪闪发光。在造币厂门口观之最为显眼，甚至令人联想：莫非皆是黄金打造。

赫尔市在渥太华河北岸，河上有五座大桥可通，与南岸的原渥太华市为一座双子城。与议会山隔河相望之处有加拿大文明博物馆。博物馆之外形十分奇特，其外墙呈波浪形，颜色与沙丘相似，象征加国地貌，馆内陈列显示印第安人、因纽特人之生活状况，实物之外辅以声光效果，情形逼真。历史展厅内展示加拿大历史之重大事件与人物。此外尚有一厅置有关公、王母娘娘像，挂满中式服装，摆放算盘与文房四宝之类，以反映华人社区的文化生活。

有趣的是文化的包容还体现在花卉上，尽人皆知加拿大为枫叶之国，枫叶在秋季红透，方显本色。在漫长的冬季之后，春天来临之时，渥太华却成了郁金香的海洋，运河两岸、议会山上、总督府前，甚至市民的花坛上都绽放各色郁金香。这些郁金香来自荷兰。原来二战中，荷兰女王朱丽安娜及皇室成员来此避难，直至战后回国复位，为感谢加拿大患难相助，荷兰政府每年向渥太华赠送10万只郁金香球茎，这些郁金香虽远离故国，但在加拿大包容文化的土壤里，亦得自由绽放。

加拿大第一大城多伦多

多伦多在渥太华以南，车程约六小时，原是安大略湖畔一荒芜之处，法国人最初来此与印第安人作些皮毛贸易，1787年英国人以1 700英镑的低价及一些布匹、斧头之类的物品从印第安人手中买下此地，安置英国移民，使之逐步成为英裔移民的中心。1834年设市，1867年建国时被选为安大略省省会。多伦多人口300余万，为加国第一大城。亦是加拿大交通、工商、金融、文化中心。皮尔森国际机场年发送旅客2 300多万，有航班通向世界各地，铁路、公路通向全国各地。

多伦多在碧波万顷的安大略湖畔，市内高楼林立、错落有致，有多幢金色外墙的大厦，与蓝天白云相映。市内街道宽阔，横平竖直，井然有序，虽车水马龙，但少拥塞。绿树成荫，几乎一尘不染。兼以草坪、花卉被精心养护，使整个城市宛如花园一般。

多伦多电视塔为加拿大国家电视塔，由加拿大国家铁路公司出资于1973年兴建，历时三年建成，高553米，雄居全球电视塔之冠，已成多伦多之标志性建筑。电视塔可供参观部分为底层、高空楼阁与太空甲板三处。底楼为商场、餐厅及影院等。高空楼阁在塔之上2/3处，内分七层，第一层称玻璃层，在高342米之处，由钢架与玻璃铺成，行走其上如履薄冰、如临深渊，是考验游人胆量之处，恐高症者绝对不宜。其上之第二、第三层为观光厅，登临瞭望，安大略湖之湖光水色尽收眼底。第四层海拔

多伦多风光

351米,为世界最高之旋转餐厅,每65分钟旋转一圈,游客在尽享美食之时,可饱览多伦多市全景。太空甲板在高447米处,为一圆形观光厅,若天气晴好,极目远眺,尼亚加拉瀑布亦依稀可辨。多伦多电视塔为外来游客必到之处,遗憾的是因为实在太高,摄影爱好者在其附近无法拍摄到电视塔的全貌,常见有人卧在地上将镜头瞄向塔尖,不过相信神龙见首不见尾,即使拍成,亦非好照片。

电视塔旁有一白色大圆顶的多伦多体育馆,其圆顶之直径达207米,重万吨,为世界最大的可伸缩屋顶,可在20分钟内移开,形成露天赛场,场内可容观众5万人,建成于1989年,亦是多伦多可圈可点之建筑。

在市中心的联合火车站与公共汽车总站之间的大学街与女皇街相交处附近有一座维多利亚式的古建筑,有高大的钟楼,复杂的外立面。该楼至今已有百余年历史,原为多伦多市政厅。自新市政厅建成后,老市政厅改作法院用,尽显庄严肃穆之象。

在老市政厅西侧建有新市政厅,该新市政厅的建设多伦多市政府曾煞费苦心,共邀请了42国著名设计师参与竞标,结果波兰建筑设计师雷

若蚌含珠的多伦多市政厅

德尔获胜。1965年建成的新市政厅为两个相对的弧形高楼,东楼高27层,西楼高20层,弧形之内侧面为大片玻璃幕墙,而外侧面则是实墙,虚实相应,对比鲜明。及晚,内圈通体透亮,外侧密不透光,更是别致。尤其有趣的是两相对的弧形大厦之中却是一个圆形的大会议厅。夜晚,楼内灯光照在会议厅上,圆顶熠熠生辉,整个建筑若蚌含珠,令人感叹设计者之匠心独具。

新老市政厅合用同一广场,一在北,一在东;一现代,一古典;一谐,一庄,相映成趣。

世界最大的瀑布,尼亚加拉大瀑布

北美五大湖的伊利湖与安大略湖之间有一河道相通,该河南端起于美国法布罗城附近,北至加拿大的尼亚加拉城郊,长约55公里,名为尼亚加拉河,该河亦是一条界河,河东属美,河西属加。伊利湖水经该河注入安大略湖。尼亚加拉河上游水势平缓,至中游突然有一约50余米的落差,大量河水临空而下,若千军万马奔腾而来,数公里之外即可闻其隆隆之声,而成世界奇观。

尼亚加拉大瀑布为法国探险家亨内平于1678年最先发现,并撰文介绍于世。亨氏大约怎么也没想到,100多年后美英两国为争此宝地,竟

加拿大尼亚加拉大瀑布 秉翥 2010.10.11.

尼亚加拉大瀑布属加拿大的马蹄形瀑布

然兵戎相向，1812年起至1814年，该地战事不断，双方互有胜负。瀑布之战以根特条约的签定告终。根特条约规定两国以尼亚加拉河之中线为界，瀑布口处适有一岛，名山羊岛，将瀑布一分为二，由于山羊岛在河中线之近美国侧，被划入美国，故岛右侧之瀑布属美，岛左之瀑布归英。

属美国的瀑布称亚美利加瀑布，宽305米，落差56米。属英，今属加拿大的瀑布出水口为弧形，故称马蹄形瀑布，宽670米，落差54米。两瀑布合称尼亚加拉瀑布，每秒钟流量2 300多立方米，如此大量的流水倾泻而下，水花飞溅，形成薄雾烟霞。若乘游船"雾中少女号"深入瀑布之近处观之，更能体会"飞流直下三千尺"之雄伟，而感世人之渺小。入夜在各色灯光照耀之下，瀑布、薄雾更是璀璨夺目。在美、加两国皆可观看瀑布，故两国在瀑布附近皆有若干旅游设施以方便游人。但以在加拿大面对两瀑布观赏更佳。为方便美方游客，在亚美利加瀑布下游不远处之尼亚加拉河上建一桥，名彩虹桥，供双方游客往来。昔日兵戎相向之处，如今不设一兵一卒，两国民众自由往来，亦是社会进步之象征。

美加共有之千岛风景区

北美之五大湖为内陆湖，五湖之水系相通。安大略湖在最东侧，经圣劳伦斯河注入大西洋之圣劳伦斯湾。安大略湖为美加两国共有，圣劳伦斯河之上游亦然。在圣劳伦斯河近安大略湖、加拿大古都金斯顿市附近，河面开阔，内中有许多小岛，分属美加两国。在美国者属美国千岛旅游区管辖，在加国者则归于圣劳伦斯岛屿国立公园范围。

　　风景区大小岛屿多已开发，大者建有古堡、别墅、疗养院之类，小者仅容一屋，亦可供人居住。岛无论大小，皆绿树成荫、鲜花遍地；屋无论新旧，皆形态各异、高矮有别。加之河面风平浪静，则宛如碧波之上处处翡翠。行舟河上，靠近观之，则犹如在美术馆中观赏风景油画，个个不同，而皆赏心悦目。岛屿与其上建筑多为私人所有，岛主买岛建屋多作度假之用，或为养老之需。其中常有故事，一岛被导游称为"爱情之岛"，言岛主购岛建屋，极尽奢华，意欲与妻共享，惜乎，屋建成而妻病故，该岛主悲痛不已，既不达初衷，乃誓不登岛。未几将岛屿与岛上一切建筑、设施尽献国家。又有两小岛近在咫尺，却分属美、加两国。两岛为一法籍人士购得，架一桥相通，桥长只5米许，却沟通两国，为世界上最短之界桥云云。

　　当风和日丽之时，买舟河上，环游各岛之间，远处白帆点点，近处海鸥翱翔。邻船过处，挥手致意，不管他是美是加，是黑是白，或是共和民主，共产资产。人与自然之和谐、人与人之和谐尽在此中了。

美国
美国，一个美丽的国家

曾有人说，我国将世界上许多国家的国名译得很得体，体现了中华文化的友善，如美国、法国、德国等，象征着美丽、法制、道德等等。不像有的国家用汉字将人家译为米国、弗国、独国……

阿洛哈，夏威夷

幼时学历史，知道孙中山先生在檀香山组织兴中会，要"驱除鞑虏，恢复中华"。想象之中大约该处必有檀香堆积如山。稍长，知道日本人偷袭珍珠港，美国人大吃其亏。同样望文生义，相信彼处必定盛产珍珠。檀香也好、珍珠也罢，皆是名贵之物，所以儿时对这个太平洋中的小岛，印象倒是不错。

托拉托拉，我们也飞到了夏威夷

等到改革开放，各种信息扑面而来。始知"檀香山"乃是华人的说法，正式地名应为火奴鲁鲁。所在之夏威夷群岛属美国之第50州，美国旗上有它一颗星。早年确也出产一些檀香木，如今当地早已不作此种营生。火奴鲁鲁为美国海军太平洋舰队司令部所在之地。虽是美国重要军事基地，却不挂"闲人莫入"的牌子，而是世界著名旅游胜地，欧、亚、美、非"各色人等"，争相享其阳光、沙滩之美。

正心仪之时，不想却真"心想事成"，一日接到美国有关方面函件，邀请前往夏威夷参加一个名为"中美医学之桥"的学术交流活动。机票、旅店，主办方皆已安排。所谓"正中下怀"，赶紧办妥相关手续，12月的一天，上海天气阴霾，西北风中登上了国航班机，先飞东京，在成田机场转机，吃了一碗"乌冬"，又喝下一杯咖啡，等了七个小时，夜色之中终于登上了飞夏威夷的班机。用罢晚餐，飞机在太平洋上空夜航，机上乘客无不昏然入睡。大约七、八小时之后，空中小姐通知用早餐了，众人睡眼惺忪，打开机窗遮阳板，原来天色早已大亮，由于向东飞行，此夜甚短。机上告知还有约一小时便可到达火奴鲁鲁。早餐吃些蛋卷、花菜之类，全无食欲。早餐之后飞机已经下降，穿过云层之后，碧波万顷之上，瓦胡岛已经在望，岛上山峦起伏，一片青翠。忽然想起当年日军舰载飞机偷袭珍珠港到达瓦胡岛时，见美军全无戒备，日军飞行员大喜，大叫"托拉、托拉"（他们顺利到达的暗号），应即在如同此刻之12月份某天上午八九点钟之时。不过其时腥风血雨，如今风和日丽，已是换了人间。

阿洛哈，夏威夷

飞机降落在火奴鲁鲁机场，移民局官员是一亚裔人士，看了我的证件，知道我是医生，十分客气，还询问淋巴肿瘤应如何治疗之事。过关之后自有会议所委托之当地旅行社人员接站。开口便是"阿洛哈"，只道是欢迎之意，并未介意。一出机场，但见晴空万里，满目苍翠。深深地吸了一口气，真如文学家所说"连空气都是甜的"，旅途中的疲劳顿时减轻不少。张望之下，原来当地人有用些黄色、白色的花卉串成花环挂在头颈上之习俗，香甜之味，即来自此类花环。及至下榻之处，因仍穿着从上海出发时之冬季衣服，虽已脱去西服外套，仍是汗出涔涔。接待的先生取出一件印有蓝色花纹的短袖、翻领衫，以前上海人称"香港衫"的上衣相赠。说是彼处天气炎热，此种花布衫可以作正式服装穿着，甚至可以穿了出席学术会议，让我们顿觉轻松。临别时这位先生做了一个大拇指与小指伸出、余三指握拳，如我国人表示"六"的手势，又说"阿洛哈"。此时应不是"欢迎"之意了，乃询其详。方知"阿洛哈"为当地土语，有祝福吉祥如意、幸福快乐等诸种美好的含意。后来发现此词在夏威夷应用甚为普遍,我们同去之同道,在会场内外也就不时地说着"阿洛哈"、"阿洛哈"。后来知道夏威夷州亦称阿洛哈州,想系戏谑之词。不过夏威夷多雨,雨过天晴常见彩虹,有时甚至一日可见数次。故夏威夷州亦称彩虹州倒是事实,连该州的汽车牌照上都绘有彩虹,以利识别。

我们所住的宾馆是五星级的希尔顿酒店,旅馆后面即是著名的瓦奇奇海滩。沙细滩平、天蓝水碧,游人或坐或卧,尽享阳光、空气、海水之美。傍晚之时,夕阳西下,满天红霞映得海水金光万道。稍晚,霞光渐退,远处酒吧华灯初上,爵士乐明快的节奏伴随着略带腥味的微风扑面而来,忽然想起哪位名家的句子"夏威夷熏风醉人",脑子里在求解这个"熏"字,古人有"暖风熏得游人醉,只把杭州作汴州"之句,这个"熏"字应是个动词。不过这"夏威夷熏风醉人"里的"熏"则是日暮、温暖之意。傍晚温润的海风是最令人陶醉的了。

珍珠港的启示

学术会议结束,承主办方热情招待,又游览了恐龙湾、冲浪海滩及珍珠港。恐龙湾是一处海湾,因其西部有一山丘伸入海中,状若恐龙卧伏海边,故名。湾中浪平水浅,硕大的彩色鲤鱼与入水的游人嬉戏,游人甚至可以将其抱起,是别处所未见者。怀梅阿海滩则是另一番景象了,该处风虽平,浪却高,据说最高可达九米。青年男女抱着冲浪板跃入海浪之中,义无反顾。一浪冲来,尽数吞没,浪头过去却见他们迎着即将到来的第二拨浪又侧身冲去。那种勇猛无畏、搏击自然的精神着实令人感动。

珍珠港在瓦胡岛上,美国太平洋舰队司令部所在地。1941年12月8日,日本联合舰队突然偷袭珍珠港,重创太平洋舰队。美军官兵死伤2 400余人,18艘战舰被击沉、击伤,260架飞机被击毁。次日美国对日宣战,太平洋战争爆发。游人至此,先参观珍珠港事变纪念馆,馆中一位老人,身材高大、慈眉善目,白色海军军服极其挺括。据介绍他是珍珠港事变至今为数不多的幸存者之一,虽然年事已高,仍常来此,充当志愿者,作些讲解。参观后,再乘船去参观亚利桑那纪念馆。亚利桑那纪念馆建造在被日军击沉的亚利桑那号巡洋舰上,白色、枕形,馆内主厅壁上刻着阵亡将士名单,伴随阵阵哀乐,令人肃然起敬。纪念馆外,该舰之桅杆、烟囱露出水面,向游人诉说那一段血与火的往事。水面上一汪油迹,系水下亚利桑那号轮机舱内溢出之油,至今数十年不断,让人觉得事情

枕形的亚利桑那纪念馆建在被击沉的巡洋舰上，不远处停泊着密苏里号巡洋舰

USS Arizona Memorial
Binghui Yang Dec.12, 1990.

似乎就发生在昨天。距亚利桑那号不远处停泊着一艘巨舰，那是密苏里号巡洋舰。1945年8月15日，日本无条件投降即签署于当时停泊于东京湾的该舰上。该舰退役后，美国人将其停泊在亚利桑那舰附近。其意是告诉人们玩火者必自焚，这就是历史。

著名旅行家约翰·曼在他的《环球旅行图集》中强调了"夏威夷的反差"。他写到夏威夷群岛中的考爱岛怀厄莱阿莱峰，每年降雨量11 684毫米，是世界上最湿的地方，而夏威夷的卡乌沙漠则是世界上最干燥的地方；恐龙湾风平浪静，而怀梅阿海滩无风亦起三丈浪；瓦奇奇海滩附近尽是现代化的高楼大厦，而火奴鲁鲁市中心则有美国唯一的夏威夷原住民的皇宫；鲜花盛开、游人如织的祥和与当年血腥杀戮的战争，不也是一种强烈的反差吗？夏威夷在太平洋当中，地当东西交通要冲，亦是东西文化交融之地，反差普遍存在。不过，我以为也有不存在反差的，那便是"阿洛哈"，夏威夷人友善的祝福语。

旧金山与洛杉矶，对门的两家邻居

同侧相邻的两家叫隔壁邻居，大门相对的两家则叫对门邻居，过去小街小巷，对门邻居借个火啊、照顾一下门口啊，也是非常亲近的，远亲不如近邻嘛。如今街道宽阔了，当中还加上隔离栏了，即使还看得见，

也叫不应了。对门邻居的概念也就慢慢淡薄了。若说是隔着大洋去认对门邻居，那就是笑话奇谈了。不过真要说起来，这美利坚合众国倒是我们中国的隔着太平洋相望的邻居。若要说得具体点，美国西海岸的一些城市与我国东部沿海的青岛、上海、宁波等城市确是隔洋相对。虽说太平洋浩瀚无垠，但波音客机飞了过去也不过10个小时左右而已。美国西海岸较大的城市自北而南有西雅图、旧金山、洛杉矶及圣地亚哥。西雅图是波音公司的基地，要买他飞机的人是要去考察，圣地亚哥是美国海军第七舰队的基地，国防部的、海军的人是应该去的。但对一般民众而言，旧金山、洛杉矶应该算来往最勤的邻居了。

有一个响亮中国名字的美国城市

中国人称外国的城市，按例皆用音译，如纽约、伦敦、巴黎等皆是。唯独旧金山例外。旧金山是中国人给这个城市起的名字，美国人自己不用，世界各国的人也皆不用。这个城市便是美国西海岸的圣弗朗西斯科。

圣弗朗西斯科在加利福尼亚州中部海湾地区的一个小半岛上。18世纪西班牙士兵到达此处，在一个当地印第安人称为耶尔瓦布埃纳的小村庄，建了一座天主教堂，并定居下来。他们用西班牙语称这地方为圣弗朗西斯科。其后归属墨西哥。1846年美国战胜墨西哥，占领了加利福尼亚地区，使之成为美国的一个州，而这个地方，仍沿用了原名至今。

美国人运道好，占领后两年，1848年在圣弗朗西斯科附近的塞拉地方发现了金矿，遍地黄金的诱惑引来了无数的淘金者，10年后附近康斯塔克又发现了银矿，小城圣弗朗西斯科迅速发展了起来。在无数的淘金者中，粤闽一带的华人也作为"契约劳工"到了这里。圣弗朗西斯科的名字对华人劳工来说，难读难记，他们索性称这地方为"金山"。后来，金矿差不多也开完了，而在澳大利亚墨尔本附近又发现了新的金矿，不少华人劳工又转向墨尔本，于是称墨尔本为新金山，此地则称为"旧金山"了。事情虽已过去100多年，但旧金山之名，中国人却一直沿用，不但当地的中国人用（当地华人也有称之为"三藩市"的、则是圣弗郎西斯科的谐音了），本土的中国人也用，不但口口相传，而且也写入官方文件、教科书中，以致许多中国人但知美国有旧金山，不知有圣弗朗西斯科。

美国西部的标志，金门大桥

旧金山曾是美国西部最大的城市，但自洛杉矶兴起后，西部的"最大"

也许应是洛杉矶了，但以加州大学伯克莱分校以及举世闻名的硅谷为代表，作为美国西部学术研究的中心，旧金山仍当之无愧。而且丰富的人文景观和美丽的自然风光，更使其成为美国西部的旅游中心。对中国的游客来说，往往是"美国游"的第一站，因为旧金山是对门的邻居。

旧金山的旅游资源丰富，其中金门大桥是游客必到之处。金门大桥由美国著名桥梁工程专家约瑟夫·施特劳斯设计并主持建造。建于1933年，历时4年，耗用10万多吨钢材建成，被誉为近代桥梁工程之奇迹。大桥雄踞金门海峡之上，将旧金山市与海峡北岸的马林郡连为一体。两座高227米的巨型钢塔支撑着两根直径达1.1米的钢缆将大桥高悬半空之中。桥长2780米，桥面分六车道和两条宽敞的人行道，每天的车流量约10万辆。桥身高出海面约67米，任何大型船只皆可通行无阻。桥身漆成朱红色，在蓝天白云下的碧海波涛上空横卧着朱红色的钢铁巨龙，壮丽无比。华灯初上之时，映衬着旧金山市区的璀璨灯光，更是气象万千。

有谓，若以纽约港的自由女神像为美国东部的标志，则金门大桥应为美国西部之标志。因船只驶近圣弗朗西斯科湾时，金门大桥的雄姿首先映入眼帘。金门大桥每年招徕游客以百万计。桥堍有该桥设计师约瑟夫·施特劳斯塑像，见了令人肃然起敬。另有一碑以英、日两文标明此桥与日本濑户内海大桥"结成姐妹桥"，是日本人借以宣扬彼国亦有此等大桥，则令人深感日人之工于心计。

观光缆车与渔人码头

旧金山市区的旅游资源丰富，最吸引游人的应数缆车与渔人码头两项。

旧金山市内的诺布山，曾为富人住宅区，为便于交通，1873年修建了一条缆车道。缆车外形颇像旧时上海的有轨电车，漆成红、黄、白三色，行驶时叮咚作响。至今已行驶百余年，如今自不赖其交通，但保留作观光之用，故车行甚缓，甚至允许乘客立于车外的踏脚板上，手握车侧把手，作"吊车"之状。为全美各城市中之唯一形式的观光车辆，几成美国交通历史标本。

渔人码头在市区北部海滨，临圣弗朗西斯科湾，原系意大利人社区，有各色船坞、众多的咖啡馆、海鲜餐馆及娱乐场，为游客必到之处。其中以39号码头游人最旺，因该处有一个集商店、餐厅、游乐场、剧院及水族馆为一体的大市场。在其西侧岸边岩石上则有一群慵懒的加州海狮常居于此，令人难忘。

布诺山下自布什街至百老汇的八个街区，以格兰特大街为中心的唐人街，聚居着数万华人，成为北美最大的"中国城"之一，则是中国游客必到之处。与在欧美各地的中国城一样以华丽的牌坊"中华街"为入口，区内各式店招及路牌都以中英两种文字书写，且以中文为显著。区内之路灯亦作中国宫灯之式样，满眼华文、满耳乡音，令人怀疑到了我国南方某地城市。中国城中之商店自然多售中国商品，如今"中国制造"已经几乎占领各国日用品市场，但如茶叶店、中药铺、古玩店等则仍只见于中国城。不过店主则多为老年华人，他们的子女大多不愿终身守着这份产业，而到外面发展去了。

仿古罗马的建筑引发怀旧之情

其实，观光缆车、渔人码头、唐人街主要的也只是看个热闹而已。喜欢清静的、酷爱自然景观的游人应去艺术宫及红杉公园。

艺术宫在市区北部，1915年为举办巴拿马太平洋国际博览会而建。建筑师伯纳德·梅贝克将其设计成湖边的古罗马式建筑。博览会后人工湖畔的这栋古罗马式建筑勾起了在新大陆发展的美国人的怀旧之感，因而大受青睐，不但要求保留，而且用钢筋混凝土重建，以求永固。如今艺术宫成了一个拥有物理、电力、气象、生命科学等众多展品的科学馆。

旧金山的艺术宫

浅见以为，似乎不必入内参观，因为此类展品，其它地方亦可见到；而此处之风光，则别处难得。只消在湖畔小坐片刻，绿荫丛中赭色的大圆顶、临水的大圆柱、高拱门的古罗马建筑及其在波平如镜的湖面的倒影，湖中游弋的天鹅、湖畔嬉戏的儿童，便也足以令人流连忘返。

红杉公园全名为大盆地红杉国立公园，在旧金山北部郊外，拥有77平方公里的大片红杉林，号称红杉帝国。巨大的红杉树甚至10人携手难以合抱，高达百米者比比皆是，其中竟有树龄达2000多年的"红杉之父"。

两座标志性的塔、一条有趣的街

旧金山市区有两座塔形的建筑值得一提。

一是科伊特塔。在渔人码头以东，有一座高83米的小山，名电报山，想来早年可能与电报事业有关。不过其上有一塔，其形却若消防喷嘴，名为科伊特塔。原来此塔系由尼克博克第五消防公司的著名女消防员科伊特出资建造，建成于1933年，塔高64米，曾为旧金山市之地标。1906年旧金山曾遭大火，屋宇毁其大半，建此塔应有强调消防之意。登塔瞭望，恐亦是为消防之需。塔内有众多壁画，而壁画之内容则多抨击世事，曾引发许多争议。

另一是新的标志性建筑，即作为超美金融保险公司总部的、高260米共48层的泛美金字塔。该塔之形状类似一个细长、高挑的金字塔。1972年建成时各界颇多责难，有称之为"地狱利剑的"，有称之为"印第安人金字塔"的。其情形颇似巴黎埃菲尔铁塔建成时，遭到众多社会名流反对一样。不过，日子久了，人们也就见怪不怪了。甚至觉得一座尖塔形的建筑立于市中心亦甚别致了。

旧金山街衢纵横，著名街道如商业繁华的萨克斯第五大道、金融中心的加利福尼亚街等无不高楼林立、车水马龙。但有一小街却每令游客难忘。此街系在金融区西北俄罗斯山北麓的伦巴第街，其中有一段因坡度过陡，1922年将此段路建成联续八个"之"字形的弯道，以使行车坡度减缓。由于弯道过密，被戏称为"全球最弯曲的街道"。之形街道间的空地种满各色鲜花，车行其间速度减缓，犹船在花海中游弋，故旅行社之节目单中常称此处为"花街"。

天使之城洛杉矶

洛杉矶是美国西海岸最大的城市，不过应该说洛杉矶不是"一个"

城市，而是一个称为"大洛杉矶市"的大小共约80城市的城市群。这个城市群坐落在加州南部、太平洋东岸的圣佩罗德湾与圣莫尼卡湾，占地超过12 000平方公里，人口近1 700万。洛杉矶原是印第安人牧牛之地，西班牙人入侵后在此建城定居，称为"天使女王圣母玛丽亚之城"，简称天使之城，按其音译即洛杉矶。1821年洛杉矶归属于墨西哥，1846年美墨战争后割让于美国。其后随着铁路的兴建、石油的开采以及西部淘金热的兴起，洛杉矶得到了迅速的发展。

加州南部阳光明媚，气候温暖，十分适合柑橘的生长，而美国人对这种水果亦情有独钟。在美国，甚至你不必说要orange juice（橙汁），只说要juice（果汁），他们就会给你橙汁。1913年建成的洛杉矶水渠，更给这里大片的柑橘林带来丰收。城市因柑橘而发展，在大洛杉矶市的城市群中就有一个以这种水果而命名的城市Orange county（橘郡）。

洛杉矶的另一项重要产业是20世纪初兴起的电影业，全盛时期在这里生产了约占全球70%的电影，以至世人皆知好莱坞而不一定知道洛杉矶。加以其后迪斯尼乐园的兴建，使洛杉矶成了名符其实的游乐中心。

洛杉矶亦是一个白人、黑人、欧裔、亚裔、拉丁裔等"各色人等"共同的家园，据说在洛杉矶讲英语以外语言的人几占半数。洛杉矶的唐人街亦是北美最大的华人聚居区之一。不过大致上可以分成新老两区，有着牌楼的金陵路一带为老的唐人街，华裔老人们安闲地坐在陆羽茶馆里品茶，读着当地的华文报纸。我在那里曾见一些老人生于斯、老于斯，甚至一辈子只能讲粤语，而不会说英语。在北百老汇区与高山区之间则是上世纪中期以后逐步形成的华人聚居区，则多来自台湾与大陆地区的新移民。

美国电影的大本营——好莱坞

美国电影始于上世纪之初，有些小的制作场分散于纽约、芝加哥等地，拍点无声的黑白短片。1911年导演戴维·赫思里来到了刚刚划入洛杉矶市的好莱坞一家小旅馆中，并在那里建立了第一个电影制作工作室。随后，美国东部的一些电影公司逐步迁来此处。1925年尼斯脱电影公司在此生产了第一部有声影片。从此"好莱坞"声名鹊起。美国各大影业公司纷纷迁入，全盛时期好莱坞拥有环球、米高美、20世纪福克斯、华纳兄弟、派拉蒙、哥伦比亚、联合艺术家等大电影公司，每年生产数百部影片，成为享誉全球的世界影都。

洛杉矶的环球影城，如今兼作游乐场用

随着电视业的兴起，电影业有逐步下滑之势。不过环球影业公司却另出新招。坐落在圣费尔南多山谷的环球影城，除拍片外，充分利用其相关设施，打造了一个全美最大的人造旅游景点，每年吸引游客500万人以上。游客入内可以参观电影制作过程，了解影片中的特技，还可"巧遇"玛丽莲·梦露并与之合影。乘游览车可以让你经历地震、洪水的考验，大型恐龙与"金刚"突然向你袭来。当然这都是电影特技，游客有惊无险。近年中国游客增多，如经预约，游览车上还可配备华语讲解员。

好莱坞大道长约七公里，在高尔街与梧桐大道之间的一段云集了众多著名的影剧院，包括潘太及斯剧院、艾尔船长剧院、埃及剧院及一座名为中国剧院的大剧院。潘太及斯剧院极尽豪华之能事，每年电影奥斯卡奖在此颁发。中国剧院其实为一座屋顶呈双层斜坡佛塔样、南亚柬泰风格的建筑。两侧有两座大石狮子，门前广场上有180多位好莱坞明星的脚印和签名，游客至此每每以自己之脚与明星脚印比试大小。

高尔街与拉布来尔路之间的好莱坞大道又称星光大道。因其两侧的人行道上为纪念众多的娱乐界名人，嵌入了2 500多粒镶铜边的水磨石星星，每一星星代表一位明星，游人至此，多注意脚下之星属于何人。

比弗利山是大洛杉矶市内的一个自治市，人口约3.5万。比弗利山的豪宅多为好莱坞明星所有，近年若干作家、画家、球星亦有迁入。乃使比弗利山庄一词与财富同义。其街区遍布精品商店，布置优雅，虽顾客少于店员，但交易金额巨大，自不待言。

人工与天成，美国中西部的两大景区

美国的国土地貌与我国甚为相似，不但面积比较接近，地势也是西高东低，平原地区集中在东北部五大湖流域，而西部则多高山与沙漠。所不同的是美国西部疆界止于太平洋岸，太平洋温暖的洋流、潮湿的空气，配合着充足的阳光，却给了沿岸的小块盆地与平原极大的生机。兴起于东北部，南北战争后更巩固了东北部地区的政治、经济地位后，美国人向西进发。1846年对墨西哥战争的胜利，以及西部金矿的发现，更促进了美国人西进的信心。许多西部牛仔的故事便不断地上演。剽悍的牛仔骑马持枪，袭击印第安人的部落，开拓领地。其背景便是山谷、沙漠。不过这些地方自然条件严酷，放牧、开矿可以，事实上却难以如东、西海岸之发展。

拉斯维加斯，沙漠中的奇迹之城

在美国西南部内华达州茫茫的沙漠中，有一个叫做维加斯的小镇，1855年曾有摩门教徒来此居住，但不久即因缺水而遗弃。1905年为建胡佛水坝，此处成为铁路中转枢纽。水坝建成，此处得水、电之利而获发展机会。但水坝既成，物资在此中转之机会减少，城市发展没了方向。1931年内华达州政府对赌博开禁，让拉斯维加斯找到了一个出路：以赌博为基础，发展娱乐业。

拉斯维加斯夜景

这个决策让拉斯维加斯的发展获得了空前的良机，20世纪的30年代正是美国经济迅速上升的时代，富裕起来的人们，追求刺激、追求享乐的需求在这里得到释放。弗里蒙特街布满了赌博俱乐部、娱乐场，入夜，街道两侧灯火辉煌，有"金色峡谷"之美誉。40年代拉斯维加斯继续发展，被称为长街的拉斯维加斯大道两旁建起了许多开设赌场的大酒店，至70年代之后更有进一步的发展。米高美酒店的客房多达5 044间，据称全球客房在千间以上的酒店，70%设于此地。目前拉斯维加斯旅馆客房已逾13万间，每年招徕游客3 500万，消费320亿美元。创造了沙漠中的奇迹。

赌场是24小时日夜开放的，赌法各式各样，最普及的是"吃角子老虎"机。参赌之人先购筹码，然后坐在"老虎机"前，一人一机，完全自动操作，押下筹码，拉动操杆，机器自动运作。人赢，机器吐出加倍筹码；机赢，则机器将筹码吃进。机器吐出筹码时，筹码自上方落下，叮咚作响，非常令人兴奋。赌场秩序井然，禁止拍照，以保护隐私。

各大宾馆为招徕顾客，各显神通：纽约大酒店是缩小了的曼哈顿岛，连自由女神像、布鲁克林大桥皆应有尽有；巴黎大酒店有缩小的凯旋门、埃菲尔铁塔；卢克索酒店大厦建成金字塔形，大门入口处还有狮身人面像；恺撒大酒店豪华的大堂里有古罗马式样的喷泉和米开朗基罗大卫像的复制品；威尼斯大酒店内有里阿托桥，还有可以乘坐游览的贡多拉。有的酒店内有大型歌舞表演，有的在路边表演火山爆发，有的门前有水池，

拉斯维加斯卢克索大酒店的入口

可表演"官兵捉强盗"的海战……皆任游人参观并不收费。甚至还有单轨电车免费运送游客往来各大酒店之间，以方便参观。

当然，以赌为业，终非长久之计。据说该市近年利用酒店设施向会展业转身，则应是"可持续发展"之道。

科罗拉多大峡谷，地质教科书

拉斯维加斯建在荒漠之中，除了蓝天白云之外，几乎全是人造景观，几家酒店甚至还将天花板也漆成蓝白两色，辅以灯光照射，以收深夜亦如白昼之效，则是连蓝天白云亦人造了。但自拉斯维加斯东去，至亚利桑那州西北部则有一纯为天成的游览胜地：科罗拉多大峡谷。

科罗拉多大峡谷为全球陆地中最长的峡谷，在地质学上属第三纪上新世时提升之高原，被科罗拉多河切割而成。长350公里，大致上呈东西走向，最深处174米，谷顶宽6.5至29公里，谷底为科罗拉多河，河面宽不足1公里，故呈上宽下窄之"V"字形。谷顶北高南低，北侧海拔2 100至2 700米，南侧为1 800至2 100米。整个峡谷中，从底向上，可见崖壁露出从元古代到新生代的各期地层，以不同深浅之色水平排列，宛如层层叠叠之书籍，故有"地质教科书"之称。由于崖石之性质不同，抗蚀能力不一，千万年风化的结果，形成形状各异的崖峰峭壁，鬼斧神工，令人感叹大自然力量的雄伟。岩石在阳光照射之下，色彩变幻，或黄、或紫、或蓝、或白，七彩缤纷。若遇阴霾，更充满迷幻。由于光照不同，远观岩石或如阿波罗神殿，或似婆罗门神庙。华人导游则称像大肚罗汉，或是八仙过海等等，任人附会。

1919年美国国会决定将大峡谷中约170公里的一段辟为国家公园。公路可直达南侧谷顶，并设数处观光点，供人参观。近年参观者日众，公园方面规定进入公园后需换乘园方提供之游览车方能登顶。而行车之驾驶员、管理员则由当地印第安人担任。有管理员穿着其民族服装与头饰，并乐与人合影以增强其地域气氛。

自上而下自可窥见谷底，但不清晰。欲求清晰可乘直升机，飞至谷底，就近观察。唯直升机载客有限，供不应求。近则有华裔人士在峡谷南岸以玻璃钢建一观景台，伸入峡谷上空，名玻璃桥，当属该地唯一大型人工建筑。游客花费30美元可购票进入，直至峡谷之上，临空鸟瞰，自然更见壮观。当然，恐高症者则不适合如此观光方式。不过据说近来当地印第安人对此建筑已有微词，大致觉得此建筑有如我国人之所谓"坏了

世界最长的峡谷,科罗拉多大峡谷

风水"之意。美国是金钱社会,印第安人久受熏陶,亦已多有领悟,或许此事已涉各方经济利益,也未可知。

芝加哥,湖畔之城

北美之五大湖中有四湖为美、加两国共有。唯密歇根湖皆在美国境内。密歇根湖若下垂之茄子状,自北而南,芝加哥便在湖南部之顶端。芝加哥属伊利诺伊州,但在伊州与威斯康星州、印第安纳州交界之处不远,到该两州地界,车程不过一小时左右而已。芝加哥东临密歇根湖,湖面宽阔,一望无际,烟波浩渺,巨轮泊岸,海鸥翱翔,与海边城市并无二致。密歇根湖温润的微风,让芝加哥充满生机。但位于大湖南端的城市有时亦受湖上寒冷北风的凌辱。我曾两次访问该市,一次初冬时节,忽遇北风袭来,随即大雪纷飞,不出数小时湖上结冰,整个城市已是银装素裹。

美国中部文化名城

芝加哥始建于1837年,19世纪中叶以后,美国着力开发中西部地区,芝加哥成为重要的工商、交通基地而迅速崛起。20世纪中叶,由于圣劳伦斯航道的开通,海上巨轮通过五大湖水系可以直达处于内陆深处的芝加哥,更促进了芝加哥工商业的发展。

芝加哥是美国中部的文化名城,芝加哥大学闻名遐迩,更有许多著名的博物馆、艺术宫。欧美国家城市中的科学宫、博物馆、美术馆之类大多免费开放,其目的在于"启迪民智",提高民众的科学、文化、艺术水平。芝加哥市内著名博物馆有科学和工业博物馆、芝加哥艺术馆、菲尔德自然史博物馆等。在格兰德公园南端,临密歇根湖的一个半岛上的约翰·谢德水族馆是美国最大的水族馆,由富商约翰·谢德捐款兴建于1930年。水族馆之正门为罗马艺术学院式风格建筑,十分雄伟。馆内有近万种海水、淡水的水生动物,蓄养于大型水族箱内,许多水箱旁有按钮,按下即可有关于此种动物的语音解释,让人眼见为实,一听了然。另有海狮、海豹等可表演节目,以娱观众。小学生在老师带领下参观,尚有一浅水池,养些温和的鱼鳖之类,可允孩子们伸出小手触摸,孩子们无不跃跃欲试。寓教于乐,也是一种教育方式。在受教育的过程中,欧美孩子要比中国孩子幸福多了。

漫步于芝加哥密歇根大道上,由于其东侧为格兰德公园及密歇根湖,并无房屋建筑,而西侧则为高楼大厦,其情景颇似行走在上海外滩之感觉。而密歇根大道上的芝加哥河桥及桥北之建筑,则略似于上海苏州河上四川路桥及桥堍邮电大楼之形象,故曾驻足作写生画。

芝加哥密歇根路上的桥

摩天楼，芝加哥学派的宠儿

游客对芝加哥印象最深的应数高楼与公园。芝加哥1871年10月曾遭大火，市中心建筑毁于一旦。真所谓"不破不立"，新的芝加哥向高空发展。建筑师巴伦·坚尼发明了钢架结构"悬挂"幕墙的建筑方法，使摩天大楼成为可能。建筑师们还发明了在松土上固定高层建筑地基，以及减少风力对高层建筑影响的方法。兼以其时电梯、电话的发明，乃使摩天大楼的建设成为现实，为此诞生了芝加哥建筑学派。从此传统的门、窗、柱、拱的建筑方式逐步被钢架、幕墙的建筑所取代。位于杰克逊街的西尔斯大厦，由建筑设计师布鲁斯·格雷厄姆和总工程师法兹·勒汉合作建成于1974年。计110层，高442米，曾长期雄踞世界第一。其103层名空中甲板（sky deck）可供参观。曾登临眺望，芝加哥市、密歇根湖尽收眼底。如今就高度论，西尔斯大厦已不能称世界第一，但据大厦方面称，世界最高的、仍在使用中的楼层，仍推该大厦。说得也有道理，造楼本

芝加哥的高楼群

为使用，高而无用又有何益。除西尔斯大厦外，汉考克大厦、瑞莱斯大厦、庞蒂克大厦、卢克瑞大厦、马凯特大厦和芝加哥大厦等等构成了芝加哥的摩天楼群，令人印象深刻。

芝加哥市沿密歇根湖展开，城市与湖之间是大片的公园。北部为林肯公园，南部为千禧公园与格兰特公园。格兰特公园在伦道夫街以南、战士体育场以北的密歇根湖与密歇根大道之间，占地319公顷。绿树成荫、花木繁茂自不在话下。雄壮的印第安酋长与柔美的音乐女神雕像，更使以湖光水色为胜的公园增色。漫步其间，与芝加哥喧闹的大街，以及不时在行人头顶上隆隆而过的高架铁路机车宛如隔世。公园北部有一大喷泉，名白金汉喷泉，比法国凡尔赛宫的大喷泉还大两倍。中央水柱与四周数百支水柱此起彼伏，入夜，在灯光映照下，流光溢彩，美不胜收。

美东四城，美国发祥之地

美国东北部有四座城市，无论在历史上或在现在，都具有重要的意义，同时也是美国东海岸的重要旅游城市。这四座城市从北而南依次是波士顿、纽约、费城与华盛顿。

美利坚合众国的建国史

这四座城市的历史。几乎就是美国的历史。美国立国的历史就主要发生在这四座城市中。哥伦布发现新大陆后，欧洲航海强国纷纷横渡大西洋向美洲进军。初期是受皇室支持的活动，故多为军人为主，稍后教会介入了，特别是新教徒为了避免旧教的排挤和迫害，转向新大陆发展。接着便是商人和平民了，他们不避风险长途跋涉而来，自然是为了谋利。从国家看，哥伦布发现新大陆之行是受西班牙皇室支持的，自然代表西班牙的利益，葡萄牙也随之介入。不过两国的活动主要在中、南美洲，即今日之所谓拉丁美洲的部位。北美东岸则主要是荷兰人与法国人势力所及之地。其后英国人逐步到达，奇怪的是英国人似乎无意中南美洲，而只属意北美。荷兰人不是对手，节节败退。英法之间不断争斗，约翰牛渐居上风，在北美五大湖区逐步立足，并将该地区称为新英格兰。

英国移民大量到达，英皇政府视这一地区为海外领地即殖民地，指派官员管理，民众效忠英皇，一时倒也相安无事。不过远离故乡来到新大陆发展的人，本质上都是些不愿墨守成规、而多积极进取或是离经叛道之辈。新大陆各项事业的蓬勃发展，给了人们很多机会，人们的思想也始终处于活跃状态。到了18世纪，殖民地的人民意识到他们尽管也向本土居民一样纳税、效忠英皇，但在政府中却没有代言人，于是逐渐滋生不满。1763年，英法为争夺北美殖民地长达七年的战争结束，虽然英国取代了法国在加拿大的地位，但是国力颇受损伤，殖民地人民为战争做出了巨大的贡献，到头来得到的却是增加税收。于是殖民地民众与政府之间矛盾日趋尖锐。1770年波士顿市民为抗议政府税收政策，遭英军射杀五人，引起群众更大的愤慨。1773年波士顿居民为抗议增加茶叶税而将英国船上300多箱茶叶倾入海中。殖民地人民的革命斗争终于在1775年4月在波士顿打响。起初英军多占优势，并围困了波士顿。1776年7月革命军在费城会师，并发布了由托马斯·杰斐逊执笔的《独立宣言》。12月乔治·华盛顿率领的军队击败了英军扭转了战局。1778年对英国心怀不满的法国援助了起义军。1781年起义军与法军大败英军。1783年"巴黎条约"的签订，宣布了美国这个年轻国家的诞生。1787年联邦政府在费城起草了美国宪法，建立了行政、立法、司法三权分立的民主政府，选举华盛顿为共和国第一任总统。华盛顿在当时的首都纽约宣誓就职。1790年首都迁至费城。1792年选定华盛顿市为首都并开始建设，1800年迁都华盛顿至今。

独立战争的策源地——波士顿

波士顿位于波士顿湾查尔斯河口，为马萨诸塞州首府，美国历史名城，有"美国雅典"之称。波士顿有许多博物馆是值得一看的，波士顿交响乐团的音乐会也是值得一听的。但到波士顿旅行，最值得探访的是从波士顿公园起向北而行，直到查尔斯河北、距邦克山纪念碑约四公里、被称为"自由足迹"之路的观光线。在公园东北角华盛顿街与州级大街交汇处的旧州议会大厦，是一座砖砌的大楼。革命前原是英国殖民地政府的总部。1770年殖民地民众抗议增加糖税和茶叶税，在此遭英军枪杀，成为波士顿大屠杀的纪念地。1776年7月18日《独立宣言》在大厦的阳台上宣读。北广场19号有一座建于1680年的楔形小屋，称为保罗里维尔之屋。1775年4月18日住在此屋的银匠保罗·里维尔得到了英军即将前去镇压革命军的信息，连夜骑马奔驶至列克星敦报告消息，使革命军有所准备。其后美国革命战争在列克星敦打响。保罗·里维尔的"星夜之骑"成了这一事件的起点，其家族住所亦保留至今，任人凭吊。同样，塞伦街193号的旧北区教堂，亦因该日傍晚教堂执事在教堂塔顶悬挂灯笼，通报英军即将开拔的信息而名垂青史。查尔斯河北的一个小半岛上有邦克山纪念碑，是1825年为纪念独立战争中的邦克山战役而建。是役发生于1775年6月17日晨，英军渡河在此登陆向驻守的革命军发起猛攻。双方都损失惨重，革命军方面华伦将军战死，英军方面凯恩将军被击毙。这是独立战争早期的一次重大战役。1825年一直帮助革命军的法国拉奖特将军主持建造了此纪念碑。纪念碑以花岗岩砌成，呈方尖碑状，高67米，塔身内有294级石梯可以登顶瞭望。

除了市内的抗英史迹外，康科德和列克星敦是应该前去怀古的。列克星敦是在波士顿西北32公里处的一个小镇，康科德再西去8公里。当年英军拟去列克星敦搜查革命者武器及逮捕革命党人领袖，事为反英组织"自由之子"人士获悉，即由善骑之保罗·里维尔连夜飞驶送去情报。革命军为避其锋，随即向康科德开拔，结果在列克星敦草地遭遇英军，美国独立战争就此打响。初时英军小胜，追击革命军至康科德。四方革命者来援，英军被迫退回波士顿。现该处的义勇军国家历史公园内的老北桥等建筑，便是这一史实的见证者。

康科德在19世纪中叶，曾是美国许多文化名人聚居地。哲学家布朗森·奥尔科特、女作家路易莎·奥尔科特、诗人爱默生、小说家霍桑、散文家梭罗等皆曾在此居住与创作。梭罗描写附近瓦尔登湖风光的散文《瓦尔登湖》被誉为"世界最美的散文"。

美国剑桥的两所名校

波士顿有许多美洲第一的纪录，1690年出版了美洲殖民地第一份报纸，1635年建立的拉丁文学校是美洲最古老的中学，而1636年建立的哈佛大学，则是北美大学之始。

在北美殖民地时期，欧洲的殖民者都喜欢用他们家乡的地名来命名殖民地。波士顿查尔斯河北岸是以英国大学城剑桥（坎布里奇）命名的自治市。其中两所著名的大学：哈佛大学与麻省理工学院享誉全球。

哈佛大学原名坎布里奇学院，后因约翰·哈佛捐资兴学而改名哈佛大学。哈佛大学由9个学院、17个系组成，每年招生2万余名。哈佛大学共有95个图书馆，藏书800余万册，有50多个实验室、9座博物馆、7个植物园、2个天文馆。校园中绿草如茵、古木参天，有各式著名建筑，如马萨诸塞会堂在美国革命时期曾用作华盛顿的军营，极具历史价值。

我也想考取哈佛大学

哈佛大学任人随意参观。校园内有一哈佛之铜质坐像,据说摸其足尖便可考取哈佛大学,故其较突出之左足尖已被摸得锃亮。哈佛大学园内还有几座中国石碑,系清政府为感谢其培养清国留学生所赠。

麻省理工学院横跨马萨诸塞大道,位于查尔斯河畔。为美国著名的科研型大学,有来自全球100个国家的万名学生在此就读。为出席中美医学交流会议,曾在其院内学生公寓小住。黄昏之时漫步于校旁查尔斯河畔之屈拉佛路,但见河上夕阳映照万道金光,远处高楼衬着点点白帆,路边老者散步、青年长跑、儿童嬉戏,一派安详和谐之景象。

在这个大学城里有许多书店,有专售诗歌的格罗里埃书店,出售多达700种文字出版物的斯恩霍夫书店等。而最著名的为"拐角书店"则是19世纪中期美国著名诗人爱默生与朗费罗、作家霍桑、医生兼作家霍姆兹、剧作家罗厄尔等经常聚会之所。这些人当时对美国的思想界、文艺界都有巨大的影响,以致波士顿在当时的知识界中有"万有中心"之雅称。

美国第一大都会——纽约

纽约位于美国东北部的纽约州东南的哈德逊河口,濒临大西洋。为美国最大的城市与港口。纽约分为曼哈顿、布鲁克林、布朗克斯、里士满及皇后区等五大区,其中以曼哈顿岛为中心区。1524年荷兰人最先来到此地。据说1626年荷兰人只花了约24美元的代价即从印第安人手中买下曼哈顿,曾以他们故国的首都名之为"新阿姆斯特丹",并开发了岛的南端。1664年英国占领此地并向北开发,形成岛上整齐的网络样格局。1686年 纽约建市。独立战争期间曾是革命军司令部所在地。独立后曾作过美国首都,华盛顿就任美国第一任大总统即在纽约。19世纪20年代起纽约已成为美国第一大城,1853年的世界首次博览会的召开,更奠定了纽约作为经济、文化中心的地位。20世纪初期,无数高楼在纽约建成,格林尼治村的文学、艺术家们奔放的热情更使纽约成为世界摩登之城。二战以后来自欧洲的知识分子、波多黎各和亚洲移民的拥入,更使这座城市充满活力。60年代的黑人动乱、70年代的经济萧条,虽已抚平,但2001年"911"事件却是纽约永久的伤痛。

曼哈顿南端,美国的金融中心

曼哈顿居哈德逊河、哈莱姆河与东江之间,为一长条形、南北向的岛屿。全长21.6公里,最宽处3.7公里。除南端外,大部分街区呈棋盘状,南北向的称"大道",自东向西数;东西向的称"街",由南向北数。所以你只要记住第几大道、第几街,在纽约应该是不会迷路的。

尚贝街以南是曼哈顿岛的最南端,纽约的发祥地,全美的金融中心。华尔街几乎便是美国金融资本的代名词,华尔(wall)是墙的音译,即当初荷兰殖民者为防止印第安人袭击而建造木栅栏之处。是一条东起东江码头、西至圣三一教堂的长不足半公里的一条小街。由于两侧高楼林立,以至十分昏暗,甚至白昼亦需亮灯。但花旗银行、大通银行等美国十大银行的总部有六家设于此处。纽约证券交易所以及许多大公司的总部亦皆设于此。在华尔街转角的布罗德街上有一铜牛,观光客皆愿去抚摸牛头以祈财运。街西的圣三一教堂是美国最古老的教堂之一,发明轮船的罗伯特·富尔顿即葬于此。华尔街上的联邦大厅纪念堂,曾是纽约市政厅,是美国第一届国会召开之所。华盛顿即在市政厅二楼阳台上宣誓就任美国第一任总统,今在纪念堂台阶上塑有华盛顿像,供人瞻仰。

曼哈顿南端的世界贸易中心,建成于1973年。主楼呈双塔形,各高412米,110层,四周为玻璃幕墙,共有84万平方米办公用房,分租予世界各国800多家公司使用。大楼有极为完善的服务设施,电梯有104部,餐厅可供2万人使用。第107层为观光厅,游客如织,需排队良久,方得登上直达电梯。当年访美时,美方接待人员亦有办法,请一楼内工作人员,带路经另一较窄之电梯抵达。始知美国亦有"开后门"之法。登观光厅

华尔街，美国金融帝国的中心

眺望，纽约全景、附近州县尽收眼底。因实在太高，临风甚至有摇晃之感。惜乎2001年9月11日毁于恐怖袭击。今成"遗址"，任人凭吊。

南街港码头在曼哈顿东南角东江岸边，是19世纪早期纽约海事活动的中心。由于"环岛游览"在此登船，故游人如织。除富尔顿大楼、17码头看台等老建筑外，南街港博物所属数艘19世纪的大帆船停泊岸边，让人遐想百年前交通状况。

34街以南，通称曼哈顿南部。除尚贝街以南的金融区外，这一带居民混杂，亚洲人、欧洲人、非洲人、犹太人，富人、穷人、艺术家、小商贩组成"人种博览会"，据说大街上的行人中半数以上讲着世界各地的各种语言。

纽约的唐人街亦称华埠，为北美最大的华人聚居区。在运河街、莫特街、佩尔街一带，区内有孔子广场，其中塑一孔子青铜像。街上中文店招林立，路牌亦用中英两文写成。酒店、茶馆、茶叶店、中药铺为其特色，大量的廉价物品店更让游人趋之若鹜。每年春节放鞭炮、舞龙灯，此时中国味更浓。

曼哈顿的市中心

在34街至59街之间，第五大道的两侧为曼哈顿的中心区。这一带高楼林立，车水马龙，甚至使街道都显得狭小。街道两侧多高档专卖店、珠宝店，人行道上人头攒动，还有小贩沿街设摊，最多见的是一种当街

"现烤现卖"类似栗子一样干果的摊贩。记得第一次赴美时,因原以为纽约之街道,应皆如巴黎香榭丽舍大街宽阔之林荫道,曾颇觉意外。

第42街是这一地区东西向的主干道。其西端为著名的娱乐区——百老汇。这里云集了约40家剧场,日夜上演各种歌舞、戏剧。附近的以时代杂志之名命名的时代广场,更以繁华著名。

位于第五大道与第七大道之间,南起47街、北至52街之间的街区,有建于1932至1973年,占地9公顷的19幢高楼构成的洛克菲勒中心。这些大厦相互连接,用作办公、商场、剧院、餐厅、电台,形成一个独立的城中之城。其中心为一下沉式广场,四周插有各国国旗,广场中有金色的普罗米修斯塑像,夏季用作露天餐厅,冬季则作溜冰场用。是游客必到之处。

这儿不是联合国总部,是洛克菲勒中心

联合国总部在第一大道与东江之间的第42街至48街之间。此处是一个不属于任何国家的国际领地。联合国总部共有四栋大楼,分别为由白色大理石和铝合金玻璃板构成的秘书处大楼、安理会大楼、会议厅及图书馆。图书馆以第二任秘书长哈玛斯卡约德之名命名,他于1961年执行联合国公务时遭空难而亡。联合国总部门前,凡工作日皆悬挂有192个成员国国旗,由北向南按其国名英文字母顺序排列。门前小广场上有表示不再战争的、将枪管打结的手枪雕塑最为引人注目。联合国总部可供游人参观,但须预约及由向导引导。

自由女神像，移民的希望与辛酸

去纽约的游客除了到第五大道看热闹外，几乎必看的是自由女神像。自由女神像耸立在哈德逊河口的一个小岛，是法国为纪念美国独立战争时的美法同盟而于美国独立100周年时赠予美国的。铜像由法国艺术家奥古斯特·巴托第设计，内部钢架则由建造巴黎埃菲尔铁塔的工程师亚历山大·埃菲尔设计。历时10年制成。1885年6月，分装210箱，由法国拖船运至纽约装配而成。像高46米、重225吨，立于美国建筑师莫里斯·亨特设计的基座上。女神像气宇轩昂、神态坚毅，右手执火炬、高耸入云，左手持象征美国《独立宣言》的书本，脚下有被挣脱的锁链，成为美国精神的标志。入夜，火炬发出橙色光芒，在四周探照灯照耀下十分壮观。

参观者可以登岛，并可由女神像内部之电梯及扶梯到达女神像冠冕处的25个小窗眺望。不过岛小、像高，游人在岛上拍照则难完好，故多数游客只能选择曼哈顿"环岛游"项目，在船上眺望。船行将近之时会放慢速度缓缓而行，以利观察、摄影。

自由女神像是美国的地标，昔时之移民历经风浪、横跨大西洋而来，临近哈德逊河口，远远地看到了高举火炬的自由女神像，就知道到美国了。"自由"是美国的象征，相信移民至此必定为获自由与新生而欢欣雀跃。不过现实并非如想象之美好。移民们来到一个陌生的国度如何创业、生存暂且不谈。单是过移民局这一关就很麻烦。那时移民到达后都需由美国移民局进行甄别，并隔离检疫。自由女神像岛旁的埃利斯岛便是来美移民被美国当局滞留之所。据统计，1892至1954年之间约1 200万移民曾在此处"被滞留"。1954年后此岛弃用。20世纪80年代修复岛上屋宇作移民博物馆用。临哈德逊河的一幢红白相间的楼房，看上去虽亦甚美丽，不过知否，当年的移民在此流过多少辛酸泪。

曼哈顿的中部有一占地341公顷的大公园，名中央公园。建于1850年，至1876年建成开放。在高楼林立、人口密集的纽约市中心，有此一林木繁茂、花草芬芳的市民休闲之所，乃被称为"纽约之肺"。公园内有大片湖泊、草地、山丘，建有亭台楼阁之类自不必说，值得一提的是公园里有饰有花环的华丽马车，可供游人乘坐，驭者身着黑色礼服，打着领结，正襟危坐，煞有介事地扬鞭催马，令人发思古之幽情。一日前去，自59街之门入，可能时间仓促、走马看花，似觉也乏善可陈。唯门前一群黑人青年在跳街舞，活力四射，倒有些印象。

美国的摇篮，费城

费城全称费兰德那非尔，美国第四大城，宾夕法尼亚州首府。1681年英国人威廉·潘恩与他的教友为躲避英格兰的宗教迫害，来此建立了一个教友派殖民地。其后，此地迅速发展。到18世纪后期已成北美殖民地中最大城市，其时殖民地人民反抗英国统治的呼声日高，1774年殖民地各州代表云集费城，召开第一次大陆会议，讨论了殖民地人民与英国的关系。次年在此召开第二次大陆会议，托马斯·杰弗逊宣读了《独立宣言》，并推举华盛顿为陆军总指挥，美国的独立从此拉开了序幕。1776年7月4日北美英国殖民地13州的代表在此共同签署《独立宣言》，宣布了美国的独立。1787年独立后的美国在此制订联邦宪法，并召开第一届国会。1791至1800年间费城曾为美国首都，故美国的第一家银行、第一个法院、第一个博物馆、第一个铸币厂、第一所医学院等皆建于费城。

国家独立历史公园位于第二街至第六街之间，北靠集市街，南抵胡桃街。其中最重要的建筑是胡桃街的独立纪念馆。纪念馆是一应带有尖塔的佐治亚风格的建筑。这座宾夕法尼亚州议会大厦，建于1756年，两次大陆会议及独立宣言的签署皆在该议会大厦大厅中。此栋大楼保持了18世纪的原貌，其中许多木制家具仍是当年原物。

独立纪念馆对面为自由钟博物馆。自由钟原系英国伦敦怀特查贝尔钟厂1751年所制。重约两吨，运抵美国时即发现有一裂痕。大钟最初悬挂于宾夕法尼亚州议会大厦之钟楼中。钟身雕刻着圣经《旧约全书》利

费城的自由钟，美国精神的象征

未记中的一段文字"去吧,向万国万民传扬自由的讯息"。1776年7月8日首次向民众宣读《独立宣言》时曾敲响此钟,印证了"传扬自由讯息"的铭文,故被称为自由钟,成为美国精神的象征。1976年为纪念美国建国200周年,将此钟移出,并建一玻璃亭,将钟置于其中供人参观。今则已发展成一小型博物馆,让游人更多了解此钟之历史与意义。

美国首都,华盛顿特区

华盛顿特区的全名应为华盛顿哥伦比亚特区,是为纪念华盛顿与哥伦布而命名的。位于马里兰州与弗吉尼亚州交界处的波托马克河畔。美国建国后第一任总统亲自选定这一地区为首都,因华盛顿家族自己的种植园即在这一地区南部波托马克河畔的维尔努山。华盛顿特区于1792年开始建设,1800年美国第二任总统约翰·亚当斯迁都于此。1814年第二次英美战争期间,英军占领了华盛顿,并放火烧了国会大厦、总统府等建筑,1819年重建。

华盛顿特区气候温暖湿润,市内树木葱郁,鸟语花香,公园绿地随处皆是,铜像雕塑比肩而立。建筑多为新古典主义大厦,显得庄严而不刻板,大厦皆不高于八层,使人有疏朗之感。走过路边花径,松鼠会在脚旁出现,整个城市俨然如一个大公园。

国会大厦建在一座名为詹金斯山的小山上,使其能雄居全市制高点之地位,故亦称该处为国会山。国会大厦1793年由华盛顿亲自奠基,至1867年落成,其后不断增建,直至1950年才成如今之规模。前后横跨三

国会山,美国国会所在地

白宫,注意屋顶上有枪手

个世纪,历时150余年。国会大厦由白沙石与大理石建成,通体略呈象牙之色。大厦坐西朝东,中央主楼带有大型圆顶,高55米,直径33米,顶上有青铜自由神雕像。东西两翼为参众两院所在地。国会大厦前有大片草地及高大的树木,任人游憩。马路对面为最高法院及图书馆。

国会大厦可供游人参观,记得20世纪90年代曾入内参观,其时似乎安检亦不甚严格,只是关照不要摄影而已。主楼的圆形大厅可容千人,四周及顶部皆大型油画及壁画,描绘内容皆美国历史上的重要事件。道旁则皆是美国历史上众多名人雕像。大厦北侧为参议院,南侧为众议院。两院的走廊上皆壁画,所描绘者则是美国的奇花异草、飞禽走兽。另有一雕像厅陈列各州历任议员雕像。参观国会大厦的印象便是"参观了一座博物馆"。

由于国会大厦略呈白色,故国人颇有以为即是"白宫"者。其实白宫是美国总统府,坐落于宾夕法尼亚大道上,为一栋三层佐治亚风格的建筑。因皆由白砂石构成,遍体皆白,故1901年西奥多·罗斯福总统称之为白宫,沿用至今。白宫由华盛顿选址、奠基。自1801年美国第二任总统起,此处即为美国总统的官邸,以致"入主白宫"成为当选美国总统之代名词。

白宫由主楼与东西两翼组成。东翼与主楼底层可供游人参观，主楼之二、三两层为总统私宅，西翼为总统处理国事之所，其中之"椭圆形办公室"是见报频率最高的白宫办事处所。克林顿任总统期间笔者曾得缘参观，其东厅是白宫举行典礼、音乐会或舞会之处，装饰豪华。主楼底层是外交接待厅，用以接待来访之各国政要，厅内挂有描绘美国风景的大型油画，并依饰物之主色分红、蓝、绿三厅。白宫正门朝北，南草坪则犹如后花园，正式欢迎仪式皆在南草坪进行。

2010年10月我们访美时则见白宫门前有警员多人警戒，房顶上亦有枪手保卫，似作如临大敌之状。不过宾夕法尼亚大道北侧之人行道上，正对白宫正门，却有一老翁约60余岁，搭一帐篷住下，日夜不离，其侧放置多块宣传牌，抗议美国政府在世界许多地方使用武力。据说其前任是一老妪，在此一住数年。美国讲"民主"，此民有此主张，只好让他在此主张了。

总统府对门的邻居，美国式的民主

华盛顿与林肯，两位值得纪念的美国人

在华盛顿市区的西南沿波托马克河有一大片纪念性建筑所在之地。在纪念性建筑中，从纪念意义来说，首推华盛顿纪念碑。

华盛顿纪念碑为纪念美国第一任总统乔治·华盛顿而建。位于国会山之西，白宫以南。在一片绿草如茵的大草坪上的华盛顿纪念碑是一座高169米、底部周长15米、白色、方尖碑样的大理石与花岗岩建筑，周围围以50面星条旗。纪念碑内有898级铁制楼梯与电梯，可以登顶眺望，若天气晴朗，则全市风光一览无余。纪念碑自1833年开始筹款，1848年起兴建，至1884年方才竣工。碑内镶嵌有188块由私人、各州、各国捐赠的纪念石，其中一块系中国清政府捐赠。华盛顿纪念碑所在之处亦常是民众集会游行之地。

华盛顿纪念碑以南有一湖，湖面亦甚宽阔，不知何故美国人只称之为潮水盆（Tidal basin）而无其他雅名。倒是中国导游称之为樱花湖，因四周遍植樱花之故。樱花湖东南岸边有圆形的杰弗逊纪念馆，为纪念美国第三任总统托马斯·杰弗逊而建，内有六米高的杰弗逊立像。杰弗逊纪念馆以西有罗斯福纪念馆，再西为著名的林肯纪念堂。

林肯纪念堂为纪念美国第16任总统亚伯拉罕·林肯而建。林肯领导了为解放黑奴的南北战争，并实现了美国南北的统一，居功至伟。林肯在战争胜利后的第五天遇刺身亡。林肯纪念堂始建于1914年，由著名建筑师亨利·培根设计建造，历时八年建成。林肯纪念堂为白色大理石建筑，其式样极似雅典的巴特农神庙。四周有36根希腊式廊柱，代表林肯遇刺时之美国36州。纪念堂正中端坐着由雕塑家切斯特·弗兰奇设计的林肯像。林肯目光低垂，面带愁容，呈现出一副忧国忧民之形象。

站在纪念堂前，目光越过一个107米长的"倒影池"，可见华盛顿纪念碑。华盛顿与林肯，一位缔造了美国，一位解放了黑奴，林荫大道两端的两座大型纪念建筑，他们当之无愧。

林肯纪念堂东北有越战纪念碑，是一位华裔艺术家设计的"墙"，其上刻有在越南战争中牺牲与失踪者的姓名，计58 195人。不远处又有韩战纪念群雕，是一群美军士兵身披白色罩衣躬身前进之像，颇似京剧《林海雪原》中人物，大约是在冰天雪地中作战之需吧。我等参观，终有些别样感觉，至少不像在林肯像前之肃然起敬，因这群美兵作战的对手主要是中国志愿军。

主要参考书目

1. 孙宝玉，雷素魁. 世界旅游名胜词典. 北京：中国旅游出版社，1999
2. 朱江，韦海英. 东南亚精彩游. 广州：广东旅游出版社，2009
3. 崔钟雷. 世界国家地理. 长春：吉林人民出版社，2008
4. 亚瑟·查济著，胡修雷译. 肆虐的太阳旗. 北京：中国社会科学出版社，2004
5. 王川. 艺术地图. 南京：江苏文艺出版社，2010
6. 黄建文. 世界旅游手册. 长沙：湖南地图出版社，2003
7. 张玉斌. 一生要去的66个地方. 长春：吉林人民出版社，2003
8. 许惠利. 地球漫步：匈牙利. 北京：中国旅游出版社，2005
9. 中国地图出版社主编. 加拿大旅游. 北京：中国旅游出版社，2009
10. 《米其林旅游指南》编辑部主编. 美国经典游. 桂林：广西师范大学出版社，2010

图书在版编目(CIP)数据

浮光掠影十六国——跟着名医走天下/杨秉辉著. —上海:复旦大学出版社,2013.3
ISBN 978-7-309-09464-0

Ⅰ.浮… Ⅱ.杨… Ⅲ.游记-国外 Ⅳ.K919

中国版本图书馆 CIP 数据核字(2013)第 008647 号

浮光掠影十六国——跟着名医走天下
杨秉辉 著
责任编辑/贺 琦

复旦大学出版社有限公司出版发行
上海市国权路 579 号 邮编:200433
网址:fupnet@fudanpress.com http://www.fudanpress.com
门市零售:86-21-65642857 团体订购:86-21-65118853
外埠邮购:86-21-65109143
常熟市华顺印刷有限公司

开本 890×1240 1/32 印张5.25 字数168千
2013 年 3 月第 1 版第 1 次印刷

ISBN 978-7-309-09464-0/K·396
定价:25.00 元

如有印装质量问题,请向复旦大学出版社有限公司发行部调换。
版权所有 侵权必究